小学校体育　全学年対応

新・サッカー指導の教科書

公益財団法人 **日本サッカー協会** 著

The Coaching Book of Soccer

in Elementary School

東洋館出版社

はじめに　～サッカーのすすめ～

　サッカーは、歴史と世界が証明してきたみんなが大好きなスポーツです。それは、ルールがとてもシンプルで魅力的だからです。長い歴史が作りあげ、多くの人々をひきつけ楽しませてきたものですから、体育の授業で行う教材としても、こんな確かなものはありません。サッカーは決して難しいものではありません。もし、サッカーが複雑で難しいスポーツだったら、世界中の多くの人がこんなに愛してこなかったのではないでしょうか。

　「ストリートサッカー」と呼ばれるものがあります。経験や技能のレベルが異なる子ども、大人を含めて誰もが、自由に集まって路上で行ってきたサッカーです。世界中の人々を夢中にしてきました。そこでは全員が十分に楽しめるように、自主的にルールや設定を考えてゲームが成り立ちます。自然発生的なサッカーの在り方です。サッカーは、ボールを足で扱うスポーツです。歩きながら、走りながら、バランスをとってボールを扱う。加減してける。思いきりける。日常にはない動作で、生活では味わえない神経への刺激に満ち溢れています。ボールをけって遊ぶことは、小さい子どもがボールを使って最初にできる遊びです。ねらいを定めて投げたりキャッチしたりするよりも、立って歩けるようになった子どもが一番初めにボールでできる動作なのです。

　また、そこには勝敗があり、勝ちを目指して全力で戦う姿があります。気兼ねや遠慮なく、全員が全力で戦い、勝敗を競い合うことができること、全力でトライした上での勝ちと負けをたくさん経験することは、とても大切なことです。サッカーは誰でも楽しめるものなのです。女子のサッカーも、今では当たり前のスポーツです。ぜひ、一度サッカーをやってみてください。そして、サッカーの楽しさを知ったら、その楽しさを、子ども達に伝えてください。

　学校教育には目標があります。そして、それぞれの教科にそれを達成するための役割があります。日本サッカー協会は、体育でできることを大切にし、サッカーの持つ力をもっと生かしてほしいと考えています。サッカーの授業を通して、生涯にわたって運動に親しみ体を動かすことが好きになってもらいたいのです。そのためには、十分に体を動かす楽しさ、爽快感、開放感を思いきり味わうことが大切です。サッカーのゲームそのものをもっと楽しんでもらいたいと思います。先生方の創意工夫、積み重ねてきた研究によって様々なサッカーの授業が展開されています。多くの子ども達がボールにふれるような特別ルールの設定や、人数やコートなどの工夫がなされたゲームにも様々な教育効果が期待できることは十分に理解しています。

　しかし、ここであえて私達は主張したいのです。「サッカーのゲームそのものを大切にしましょう」。いじらなくて大丈夫です。「サッカーは人生の学校」と言われています。チームでチームに対してプレーする。攻守入りまじってプレーする。状況に応じて様々な判断をする。予測する。気遣う。味方をサポート、カバーし合う。フェアプレー、リスペクト…。味方と気持ちが通じ合ってよいプレーができたとき、そしてゴールをしたときは、本当に爽快です。

　末尾になりましたが、本書の刊行に当たり、学校教育や体育に精通した方々に加わっていただきました。これらの方々に、心より感謝申し上げます。本書が、小学校の先生方が行う体育の授業に役立ち、子ども達が生涯にわたって運動に親しむことにつながれば幸いです。

改訂にあたって

　平成29年3月に新しい小学校学習指導要領が告示されました。この改訂は令和2年度から全面実施されます。本書も新しい学習指導要領に準拠すべく、一部内容を加筆・修正して再出版することにしました。今回の改訂では、子どもたちが「これからの時代に求められる資質・能力を身に付け、生涯にわたって能動的に学び続けることができる」ように、主体的・対話的で深い学びの実現を目指した授業改善がうたわれており、全ての教科で目標が「知識及び技能」「思考力、判断力、表現力等」「学びに向かう力、人間性等」の三つの柱で構成されています。そこで、各学習単元の目標や評価を見直すとともに、この機会にこれまで本書を通じて全国で展開されてきた教育実践を踏まえ加筆・修正を行いました。

　引き続き、本書が全国の教育関係者の皆様の教育実践の参考となり、子どもたちの笑顔いっぱいのサッカー・体育学習につながれば幸いです。

令和元年5月吉日　公益財団法人　日本サッカー協会

本書活用のポイント

単元における活動の全体構成

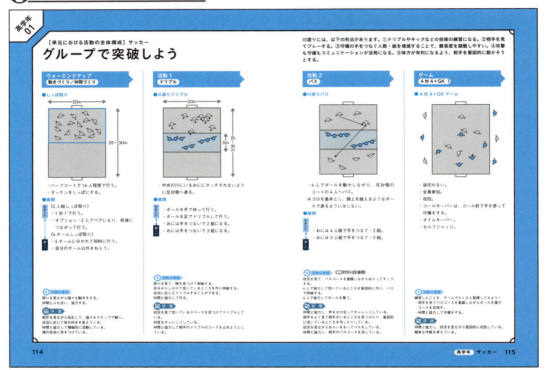

単元の見方について

　各単元の全体像を示したページです。ウォーミングアップ、活動1、活動2、ゲームと、どのような流れを基調として構成しているかをイメージしてもらうことを目的としています。その中で、どのように発展させていくか、どのような要素を変化させたら難易度が調整できるのかを示しています。同じ場の設定を基にして進めていける様子が見て取れると思います。右上の欄には、この単元に関わる豆知識について述べています。

活動の意図と評価の見方について

　この活動を設定した意図を「活動の意図」として記載しています。ここで記載されたような姿が現れることを目的としています。「評価」として、その種目においてぜひ見つけ認めてほしい観点について記載しています。とかく結果がわかりやすくプロセスは見つけにくいものですが、プロセスに評価すべき姿がたくさん現れていると考えています。低・中・高学年のはじめの見開きページに示した評価の観点と対応しています。

本書は、学習指導要領に示されている2学年ごとに、3つの単元で構成されています（P22参照）。
1つの単元では、下のように「単元における活動の全体構成」「45分の展開例」として示しています。

⚽ 45分の展開例

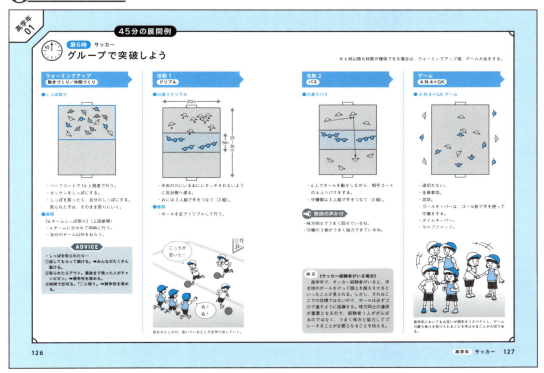

45分の展開例について

　各単元を6〜8時限と想定して、1時限ごとの内容とポイントを示しています。実際の授業では、1時限ずつどのように積み上げ発展させていくのかが、先生方にとって難しい課題であると考えています。単元の全体像に従い、内容を少しずつ発展させていく方法とポイントを記しています。前時より発展した部分を青字にしています。基本的にはこちらに基づいて、その上で目の前の子ども達の状況に合わせて進めてください。

ポイント、声かけについて

　ポイントとして、種目の進行やねらいに即した留意点等を述べています。教師の声かけは、そのポイントに対応させており、子ども達自身に気づかせたり、望む姿を認めほめたりすることで周りにも広めることを意図しています。先生方は、ポイントや声かけを頼りに子ども達を見ていただければと思います。目の前の子ども達一人ひとり、あるいはグループにとって、簡単すぎたり難しすぎたりする場合の調整方法を青い下地で示しています。

小学校体育
全学年対応
サッカー指導の教科書

Contents

はじめに …… 001

本書の趣旨 …… 006

構成の考え方 …… 007
　基本的考え方① ［45 分の構成］ …… 008
　基本的考え方② ［1 学年の構成］ …… 009
　基本的考え方③ ［生涯］ …… 010

授業の構成 ［全体的な考え方］ …… 011

各学年のねらい …… 022

全体の構成一覧 …… 023

低学年 **ボールけりゲーム** …… 024

低学年 01 **ねらって思いきりキックしよう**
［単元における活動の全体構成］ …… 026
第 1 時　028／第 2 時　030／第 3 時　032
第 4 時　034／第 5 時　036／第 6 時　038

低学年 02 **どんどんドリブルしよう**
［単元における活動の全体構成］ …… 040
第 1 時　042／第 2 時　044／第 3 時　046
第 4 時　048／第 5 時　050／第 6 時　052

低学年 03 **ボールを運ぼう**
［単元における活動の全体構成］ …… 054
第 1 時　056／第 2 時　058／第 3 時　060
第 4 時　062／第 5 時　064／第 6 時　066

4

| 中学年 | **ミニサッカー** …… 068 |

中学年 01　パスをしよう
[単元における活動の全体構成] …… 070
第1時　072／第2時　074／第3時　076
第4時　078／第5時　080／第6時　082

中学年 02　シュートをしよう
[単元における活動の全体構成] …… 084
第1時　086／第2時　088／第3時　090
第4時　092／第5時　094／第6時　096

中学年 03　みんなで運ぼう
[単元における活動の全体構成] …… 098
第1時　100／第2時　102／第3時　104
第4時　106／第5時　108／第6時　110

| 高学年 | **サッカー** …… 112 |

高学年 01　グループで突破しよう
[単元における活動の全体構成] …… 114
第1時　116／第2時　118／第3時　120
第4時　122／第5時　124／第6時　126

高学年 02　空いているところから攻撃しよう
[単元における活動の全体構成] …… 128
第1時　130／第2時　132／第3時　134
第4時　136／第5時　138／第6時　140

高学年 03　みんなで工夫してゴールをねらおう
[単元における活動の全体構成] …… 142
第1時　144／第2時　146／第3時　148
第4時　150／第5時　152／第6時　154

 フェアプレー・リスペクト …… 156

本書の趣旨

　サッカーは世界で最も人気のあるスポーツであり、その魅力は自ずと証明されており、学校体育の教材としても様々な長所を持つチームゲームです。そのため、サッカーを体育の授業で、ぜひ有効に活用していただきたいと考えています。

　しかし、先生ご自身にサッカー経験があまりなかったり、クラス内で子ども達に技能差があるようなときに、サッカーの授業の難しさがあるといったことも聞かれます。

　そこで、日本サッカー協会では少しでも体育でのサッカーの授業にお役に立てればとの思いから、私達なりの単元の進め方を考えてみました。

　体育授業の枠組み（人数、場、時間数）の中で、

1. 発育に合わせた課題の設定と目の前の子ども達に合わせた発展、声かけのポイント
2. 効果的に効率よく授業を進めるためのポイント
3. 1時間を組み立てるためのポイント
4. 学年の単元を構成する考え方
5. 評価の観点
6. その他

を年代ごと、6〜8回の授業の展開を、より具体的に示しました。これが授業を行っていく上での一助となれば幸いです。そして、クラス全体でサッカーの授業を毎時間楽しみ、小さな学びを重ねていってほしいと思います。そのことによって先生も子ども達も、生涯にわたりサッカー、スポーツを楽しみ応援していただけるようになることを願っています。

日本サッカー協会が行っているサポートについて

1. プログラムサポート（補助となるモデル教材→本書にて提供）

　年代ごとの発育に即した構成、各時間のプログラムモデルを提示。その他の考え方として、
・サッカー、スポーツの意義
・年代ごとの発育に即した体系的構成の考え方
・1回の授業の組み方のポイント
・目の前の子どもに合わせた発展・修正の考え方
・声かけのポイント
・評価の観点
・授業運営上の留意点
・その他

2. 研修会

実技60分、講義30分、合計90分。実技を行い、講義で確認。
①実技研修：先生方ご自身に、サッカーの楽しさ、これならできるという手ごたえを感じてほしいと思います。先生方が楽しいと感じることが、楽しい授業を行う1番のポイントです。
②講義：授業を組む上でのポイント、プログラム全体の考え方をお伝えします。
　※詳細は日本サッカー協会にお問い合わせ下さい。

構成の考え方

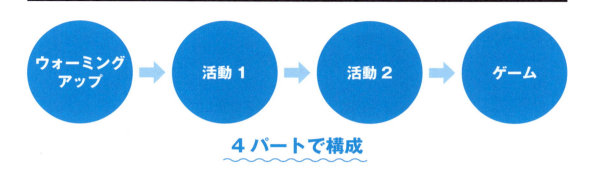

4パートで構成

基本の設定から6回で発展（残りの2回はゲーム大会）
「やさしい⇔難しい」の調整

　本書で示した活動内容を基に調整していきます。何を変えたら簡単に、あるいは難しくなるか。1つの単元で、同じ活動を続けて行う中で、繰り返しながら発展させていきます。

　ただし、あくまでも目の前の子ども達を観察し、必要あればとどまる、戻るということを、ぜひ行ってください。

学校の現実に即して

　1クラス32人程度（8人4グループ）を基本としてプログラムを作成しました。本書では、16人で解説していますが、2面並行して行うことを想定しています。

- 1時限：45分
- 1学年：8時程度

※毎学年行うことを推奨し、低、中、高学年それぞれに3単元を提示しています。ただし、1つの単元がスムーズに進むようであれば、途中で別の単元に移り変化をつけることも可能です。

同じ「場の設定」で

　各種目の準備をしたり途中で入れ替えたりすることは、先生方に負担となります。そのため、本書で扱う教材は、同じ場の設定からの発展で全体を実施できるように構成しています。先生にも準備のストレスが少なく、子ども達も覚えて対応すること、効率よくスムーズに次に移ること、準備・片づけを子ども達自身で進めることが可能になります。

　前の活動でやったことのイメージをそのまま引き継いで次に移ることができ、「逆算の目的」にも適しています（次ページ参照）。

（例）中学年の例

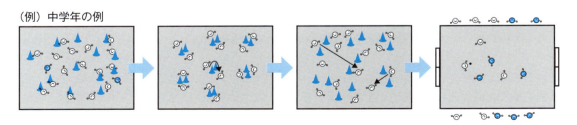

基本的考え方①
[45分の構成]

構想は逆算
実施は積み上げ

ゲーム
活動2
活動1
ウォーミングアップ

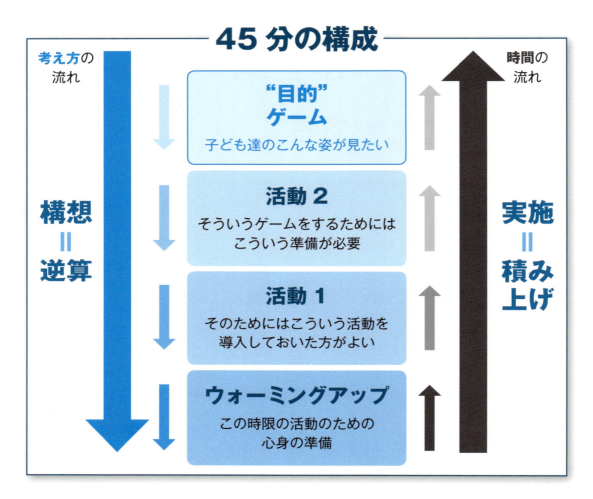

基本は4パート（慣れるまでは3パートで）

　逆算から構成されているので、ウォーミングアップ→活動1→活動2→ゲームと進むことが内容的には理想です。ただし、はじめのうちは説明が必要なので時間かかります。3要素で構いません。
　例：1回目　ウォーミングアップ＋活動1＋ゲーム
　　　2回目　ウォーミングアップ＋活動2＋ゲーム
　ルールがわかってスムーズに進むようになってきたら、テンポよく4パートで行うことができます。
　同じ構成を繰り返しながら発展させるので、徐々にスムーズにできるようになります。
　同じ構成を繰り返していくことで深めていく方法が基本です。あくまでもゲームが「目的」です。ゲームは、必ず入れてください。

基本的考え方②
［1学年の構成］

構想は逆算　7・8時（最後のゲーム大会）
実施は積み上げ　5・6時
　　　　　　　　　3・4時
　　　　　　　　　1・2時

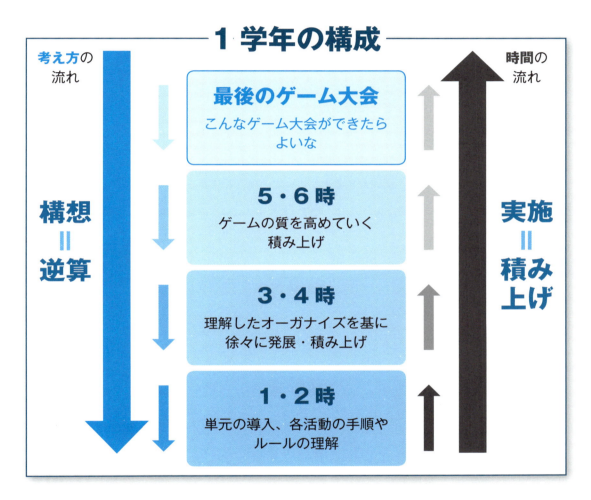

1学年を8時限目安で構成

　低・中・高学年に各3単元を例示しています。推奨学年を挙げていますが柔軟に考えて構いません。各単元は基本的に1つのテーマへの積み上げ・発展を想定して構成しています。
　ただし、サッカーは複合的なものなので、1つのテーマにとらわれすぎないことも大事です。
　オプションとしての単元も含め、全9単元を提示しています。

《授業の組み合わせのバリエーション例》
・1学年目：テーマ1を8回通して→2学年目：テーマ2を8回通して
・1学年目：テーマ1の1～3回、テーマ2の1～3回＋ゲーム大会→2学年目：テーマ1の4～6回、テーマ2の4～6回＋ゲーム大会
・2年に1度しか扱わない場合、テーマ1の1、3、5回、テーマ2の1、3、5回＋ゲーム大会

基本的考え方③
[生涯]

構想は逆算
実施は積み上げ

生涯
6年間（＋中学校）
1学年
1回の授業

　何よりも、その学年、その子に応じた「楽しむ」を、積み上げていきます。楽しむためには、技能（技術や関わり）が向上していくことにより、より楽しくなることができます。

　先生方自身にも、実際に研修でプレーすることで、楽しさを経験してもらうことが望ましいと考えています。自分が楽しいと感じたものであれば、楽しい授業をやることができる近道となります。先生が楽しかったら子どもも楽しめ、子どもが皆楽しんでいたら、先生もその授業を楽しみ充実感を感じることができるでしょう。

　楽しむことを積み上げることで、「見る」「支える」を含め、生涯にわたり体育、スポーツ、サッカーになじみ親しめるようになることを期待します。

　このように、逆算の考え方は、すべてに当てはまります。本書は、その考え方に基づいて構成しています。その構成を意識することで、構成や各要素についての理解を深めることができます。

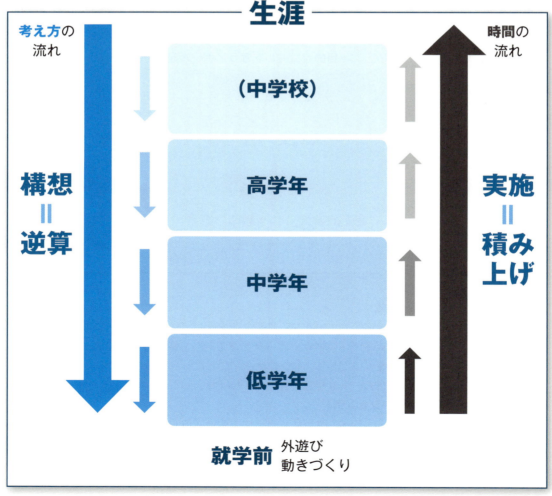

授業の構成［全体的な考え方］

サッカーそのものを楽しむこと

　子ども達がサッカーの授業を通して充実感、達成感を積み上げるためには、サッカーを楽しむことが重要です。そのためには一人ひとりが積極的に関わり、楽しめるような場を作り出さなければなりません。その際、大切にしたいのはサッカーそのものの「楽しさ」を重視することです。

　スポーツやサッカーには、以下のような特徴があります。

スポーツには	その中でもサッカーには
●楽しみ	●競争
●解放	●勝利
●爽快	●ルール
●自発に基づくもの	●自由
●多くのチャレンジ	●決断
●成功と失敗	●連続性（攻守）
●挫折と達成感	●チームスポーツ（協働）
●安心、安全	●必要な技術
があります。	●目的＝ゴールを奪う／ボールを奪う・ゴールを守る

> 連続した状況の中で子ども達が協働して自ら判断をして解決し続ける

　があり、連続した状況の中で、選手は協働して自ら判断をして解決し続けながらプレーします。

　これらのどの要素が欠けてもスポーツ、サッカーそのものから離れてしまい、楽しさが薄れます。その点に留意しながら授業を展開することによって、自ずとサッカーそのものを楽しめるようになります。

　まずは全員が思いきり動けることが大切です。そして、チームとしての一体感を持たせ、チームとしての向上を目指します。その中で、子ども達がそれぞれ自発的にゲーム状況を把握しプレーを選択することを促します。一人ひとりが自発的に判断することでチームに貢献し、自発的に取り組む中で、サッカーというチームゲームの本来の楽しさ、戦術的な気づきに出会わせたいと考えています。

　先生の役割は、子ども達の学びを支援することです。

　1つには、場の設定による支援です。自然と学びや気づきが深まるような内容を、逆算の考え方に基づいて構成します。

　次に、子ども達をよく観察することです。課題が簡単すぎないか、難しすぎないか。簡単すぎてもすぐに飽きてしまいますし、挑戦がありません。また、難しすぎると、それがストレスとなり、「わかる・できる」きっかけをつかみにくくなります。成功と失敗のバランスをよく見てみましょう。自分にとって少し難しいことに常にチャレンジできることが理想です。それは個人によって異なるので、一人ひとりを見て、できるだけその子に合った声かけが必要になります。本書ではそれぞれの課題を、少し変化させることで簡単にする方法、難しく発展させる方法を示しています。

ゲームの考え方

　サッカーそのものをまるごと楽しませたい。そのために、授業の最後のゲームは人数を少なくした、できるだけシンプルなゲームを設定しています。複雑なルールや条件は子ども達のサッカーへの取組を難しくしてしまいます。攻めるゴールと守るゴールがあり、決められたエリアの中でゴールを競い合う。それを1人ではなく仲間と協力し合いながらプレーする。それだけでも多くの発想が必要になります。授業では、学年なりの発達の段階に応じたゲームでの気づきがあるように導いていければよいと思います。少人数だと必然的にゲームに深く関わることになります。ボールに直接関わる場面だけでなく、サポートや守備でも多くのプレーが必要です。

　ゴールキーパーはサッカーのゲームでは必要です。しかし、無理にいつでもゴールキーパーを配置する必要はないと考えています。高学年のゲームではゴールキーパーを置いていますが、いつも同じ人がゴールキーパーになるのは避けましょう。さらに、ゴールキーパー同士の長いボールのけり合いにならないように、ゴールキーパーからのパスはゴロを基本に考えています。また、低学年ではゴールキーパーはあまり必要ありません。みんながたくさん動くようにしましょう。

　審判も基本的には必要ないと考えています。ルールに基づいて進めることが大切なのは当然ですが、子ども達のセルフジャッジを基本にしています。コートの外にボールを出したら相手ボールとし、相手を不正な方法で妨害したら反則。その程度のルールで十分にゲームを楽しめます。もちろん、授業の中で何も活動がない時間が長くなってしまう場合などには、審判の役割を任せることがあっても構いません。

　あえて、ゲームに変化をつけるとしたら、ゴールの形や配置を変えてみましょう。三角ゴールや背面ゴール（P137、139参照）といったちょっとした設定の変化で、ゲームの中での子ども達の活動／行動に変化を見ることができるはずです。

　また、ゲームの連続性を大切にしたいと考えています。具体的な方法として、ゲームで見ているグループを壁役として配置します。このことによって技術不足への不安を埋めることができ、動きの連続性が保証できます。体育館であれば壁を利用することも可能です。ボールがアウトになって中断ばかりになってしまうことを避け、連続性があることで運動量が大きく違ってきます。

　授業の構成は、最後のゲームで望む姿から逆算しています。したがって、授業を通した活動で気づいたこと、身につけたことをゲームで実感できるように導いていくことが目標になります。

　繰り返しになりますが、サッカーはゲームとして楽しむことが一番です。作戦やルール作りがサッカーの授業に主要な活動にならないように留意してください。

発見を導くこと（Guided discovery）と直接的指導のバランス

　教えられたことだけではなく、自分自身で気づき、見つけたものは身につきやすく、様々なことに応用しやすいものです。しかし、その気づきや発見は、偶然に生まれることに任せていてもなかなか生じません。そのためには、先生による導きが必要です。学習の場、課題の条件等を上手く設定することで、子ども達が自ら解決法を発見したかのようにしむけるのです。また、先生の声かけ、問いかけによって子ども達の気づきや発見は促されます。

　ただし、教えるべきことは直接的な言葉で指導する必要があります。その際の留意点として、

- 子ども達ができそうな課題、内容について
- 簡潔にポイントを絞って
- その結果、大きな変化が生まれるように

指導することです。

　声かけは、できるだけ具体的に、その子どもの名前を呼んでから。前にできなかったことができ

た、やってみようと挑戦しただけでもすばらしいことです。よいところをたくさん見つけ、言葉にすることを大切にしたいと思います。

デモンストレーションを大切に

　もう一点、学びの支援として大切なのは、「デモンストレーション」、見本を見せることです。「こういうふうにやってほしい」と実演して見せることは非常に有効です。先生自身がやって見せることができれば、やってほしいことのイメージを伝える非常に強い力になります。どれだけ説明するよりも、目から入る情報は明確です。また、自分では自信がないないときにはクラスの中でイメージ通りできている子どもにやってもらうという方法もあります。これは、その子どもを認めほめることにもなり、そのことにも意義があります。

どの子も楽しむ、その子なりの学びがある

　サッカーを授業で扱うことの難しさの1つの要因に、技能差が挙げられます。子ども達に経験等の差からくる技能差があることで、全員を同様に関わらせ楽しませることに難しさがあるということだと思います。

　本書では、できる子にも苦手な子にも、その子なりのチャレンジを促すことにポイントを置き、どの子も熱中して取り組み、楽しみと学びがある授業を目指しています。

　アメリカのMusuka Mosston博士が提唱した「スランティライン理論（斜線理論）」の考え方を大切にしています。子どもの遊びに「ロープ跳び」があります。ロープを越えることができたら、その高さが上がっていきます。普通ロープは床に平行に設定され、跳べなければそこでその子の挑戦は終わりです。多くの体育の指導ではこのように、できる子には次のチャンスが与えられ、できなかった子はそこで終わってしまいます。それでは、練習や成功体験が必要な子ども達に挑戦の機会を与えることができません。そこで、ロープを斜めにすることで、自分の力に応じた高さに挑戦し、クリアできれば次に進めるように設定するといった考え方です。それぞれの子が、自分にとって少し難しいことへのチャレンジを促すことが重要なのです。

　運動が苦手な子、障がいのある子も含めて、皆が学び、楽しめるようにすることができます。

　本書には、「やさしい⇔難しい」というように難易度の調整方法を示しています。どうすれば簡単になるか、難しくなるかを知ることで、働きかけ、声かけがしやすくなるのではないでしょうか。

技能差の克服を目指して（苦手な子、得意な子の考え）

　苦手な子に対しては、とかく、大勢の中にまぎらせてしまうことでその子に負担をかけないような配慮をしてしまいがちです。しかし、苦手な子でも、多くは何とか関わりたい、楽しみたいと思っているのではないでしょうか。

　そもそもサッカーのゲームは、仲間との協力を必要とするものです。チームで協力して攻防することがチームの勝利につながります。したがって、特殊なルールを人工的に作って全員を関わらせたり保護したりするよりも、普通にゲームをすることで全員の協力を生み出し、全員の関わり、貢献を作り出せるはずだと考えています。

　サッカーのゲームには、ボールを直接プレーする局面とボールを直接プレーしない局面があります。また、攻撃と守備の局面にも分けることができます。ボールを直接プレーしない局面でのプレーがゲームでは非常に重要です。守備に関しては攻撃と比べると技能差が現れにくく、誰もが貢献でき協力し合える部分です。とかくボールを持っている人の攻撃の局面に目がいきがちですが、誰もが貢献できる部分として、守備やボールを持っていない局面で、チームを助ける働きにも目を向けることが大切です。

13

本書では、ゲームを3対3にしています。苦手な子の負担をなくすために人数を多くする発想が一般的かと思いますが、私達は反対の考え方をしています。プレーヤーの数が少ないことでスペースや時間に余裕ができます。また、一人ひとりが関わる状況ができやすくなります。多くの子ども達は本来もっとプレーに参加したいと思っており、何となくチームにまぎれてすましたいとは思っていないのではないでしょうか。

　低学年から順調によい経験を積み上げていければ、抵抗なく積極的に関わることができるようになると考えています。それぞれの子が挑戦したくなるようなプログラムを組んでいます。また、得意な子が授業の中でフラストレーションをためたり、自分だけで勝手なプレーしたりをすることは決して勝利につながらず、仲間と協力し、仲間を生かし自分も生きることを、ぜひともサッカーから学んでほしいと考えています。リーダーシップをとること、人に教えること、助けること、見本となること等の喜びを経験することが、得意な子の成長のよい契機となるはずです。

　私達は「女子は特別に＊点」「守備者が入れない特別エリアの設定」「苦手な子は攻撃あるいは守備のゴール前にずっといればよいという作戦」等は、サッカーの楽しさや学びを増すことにつながらないのではないかと考えています。サッカーのゲームに一人ひとりが、その子なりの判断でチームに貢献することをぜひ認めてください。

たくさん動く
「並ばない、ただ走らせない、話しすぎない（no line, no laps and no lecture）」

　全員が思いきりたくさん動き、解放感、達成感を味わえるようにしましょう。45分間、32人前後の人数で全員をたくさん動かすためには工夫が必要です。

　長い列を作って並んで待っているばかりにならないようにしましょう。同じ場の設定をたくさん作って、全員が同時に常に動いている状況を作りましょう。学習には、人の動き等を見ること、応援することももちろん大切ですが、特に前半のウォーミングアップ、活動1は、できるだけたくさん動けるようにしましょう。その際、先生の役割は全体の観察です。

　また、ボールを使わずにランニングをするよりは、ボールを使って、サッカーをすることで、たくさん動いた方がよいのです。

　さらに、長々と説明に時間をかけていると、あっという間に時間がたってしまいます。また、長く説明をしたからと言って、子ども達がよく理解をするかというと、そんなことはありません。説明は手短に。課題に取り組みながら、体を動かしながら、伝えていく方が効果的ですし、動く時間も多くとれます。このプログラムでは、1学年の6回程度を、同一の場の設定を少しずつ発展させていく方法をとっています。子ども達がどんどん理解し、慣れ、余計な説明も必要なく、少しずつ深めていけるようにしています。話は短く、テンポよく授業を進めることを大切にしています。

評価の考え方

　授業の評価規準を提示しています。1回の授業で全員を評価することはできません。単元を通して子どもを観察し、評価することになります。本書では、サッカーの授業で私達が望む子どもの姿を示しています。できるだけ具体的に記述しています。それを基準に評価すると同時に、先生がしっかりと支援しなければならない子どもを見取ることもできると考えています。そのことを踏まえて、うまくいかない子どもへの指導法や声かけの例を示しています。

　評価は新学習指導要領に沿って、「知識・技能」「思考・判断・表現」「主体的に学習に取り組む態度」の3観点で示してあります。技能については「正確に」から「強く」・「速く」・「遠く」へと発展させていきます。思考力、判断力、表現力については、ゲームや動きに関する子どもの考え・気づきや考えを伝えることを取り上げています。

ただし、解説等の評価規準で示されている「ルール作り、作戦」といった観点については敢えてここでは触れていません。想像力溢れる子ども達から出されるルールや作戦が逆にサッカーそのものの理解の妨げになるのではとの我々の思いとの整理が十分にできていないためです。さらに研鑽を積んでいきたいと考えています。

教材の構成と場の設定の意味

教材の構成は原則として、単元全体のねらいからの逆算を意識したものになっています。また、小学校の6年間の積み上げや発達の段階を意識しています。

1時間ごとの場の設定については、できるだけ時間をかけない構成にしています。活動の切りかえ場面は、授業の勢いやテンポに関わる重要なポイントです。できるだけ無駄を省いた連続性のある場の設定をしています。

もちろん、それぞれの学校やクラスによって施設や用具の条件が異なります。新たに製作・購入することが困難であれば、あるものを工夫して代用してください。例えば、ボールであれば、空気を抜いたり、新聞紙を丸めてボールにしたり、柔らかいボールを使ってもよいのです。新聞紙ボールを各自で作らせることで、ボールへの愛着が生まれるといったこともあります。サッカーではゴールの問題もあります。これも特にこだわる必要はありません。コーンにバーを載せた形のゴールでも大丈夫です。いろいろと工夫できるはずです。ただ、1つ欲張るとすれば、サッカーでゴールが決まって嬉しい瞬間はボールがネットを揺らすときです。ゴールにネットがあれば最高です。さらに、コーンやマーカーといった本格的なサッカーの練習で使うような用具も段ボールやペットボトル等で十分に代用できます。提示した距離は目安であり、子ども達の様子に合わせて調整していきます。もちろん、学校の施設や既存のライン等を有効に活用することも大事です。運動場・体育館などの場所や、子どもの人数等で適宜修正しながら柔軟に運用してください。

楽しさの考え方は多様です。本教材では、「みんなでやった感」をその第一に据えています。サッカーはチームゲームです。個々の力をチームのために生かすことの楽しさを感じてもらうことが重要です。そして、「みんなでやった感」を支えるものとして、ふれ合いを大切にしています。学年が上がると、手をつなぐなど身体の接触を避けようとする傾向があります。ルールとして手をつなぐなど、子ども同士が直接ふれ合う活動をあえて取り上げています。体のふれ合いが心のふれ合いの原点と考え、子ども同士のつながりが深まることを願ってのことです。活動の中に仲間と手をつないだり、ハイタッチをしたりするといった行動を意識的に活用しています。また、サッカーは相手との競い合いを楽しむスポーツです。お互いに負けたくない、勝ちたいという気持ちも大切にする必要があります。フェアプレーは、全力でプレーすることが基本であると考えています。

アイスブレイクとおにごっこ

授業の導入部分で、気分を盛り上げたり、主運動へのきっかけとなったりするような活動を積極的に取り入れています。また、おにごっこも同様です。これらの活動は私達のこれまでの普及活動、ユース年代の選手の育成の活動の場でも取り入れており、その効果は十分に実感しています。

おにごっこは、使うスペースの広さやおにの数などの変化によって多様性があり、楽しさの中にコーディネーションへの働きかけができます。また、状況を見ながら動き判断するといった思考への働きかけもでき、仲間との協力の要素も含まれます。つまり、サッカーのゲームに含まれる多くの要素がおにごっこにはあるのです。

子ども達が自ら動きたい、やってみたい、工夫しよう、準備しようと思わせるためには、場の設定が一番重要です。子ども達が常に活動に関わろうとしている状態を、先生の大きな声や笛で作り出すのではなく、子ども達自身から湧き上がらせるようにして作ってください。

ゲーム大会について

　ゲーム大会は単元のまとめとして、学習内容、活動の成果を発揮する場として活用したいと考えます。それまでの学んできたことが発揮されるように、新たな試合形式ではなく、それまでの毎時授業の最後に行ってきたルールで行うがよいでしょう。ゲームでは、サッカーそのものを楽しむことをねらい（P12参照）とすることから、シンプルなゲームを設定しています。例えば、3対3、4対4、5対5のような少人数のゲームで、多くの児童に出場機会があるように場やルールの設定を工夫したいものです。「苦手児童の得点が倍」や「守備側の児童が守らないゾーンを作る」「全員が1点を入れるまでは得点しない」「サッカー経験者は利き足以外でプレー」などは一見、平等なようで、サッカーひいてはゴール型ゲームの本質的な楽しみを味わわすことから遠ざけているように感じます。できるだけシンプルに活動させる中で、得点する喜びやボールを奪う、ゴールを奪う、パスをつなげる、協力する喜びを味わわせたいと考えます。

　審判についてはプレーを優先することを前提に得点確認やタイム計時などのゲーム運営程度にするのがよいと考えます。審判することや審判を尊重する経験は体育科の中で学ぶ内容ですが、本書では、基本的にセルフジャッジで行うことを推奨しています。子ども同士がもめる時もあるかもしれません。しかし、その時こそ体育活動の大切な学習の機会となると考えます。解決するためにお互いが、またはクラス全員が話し合うということもよいのではないでしょうか。

　試合時間は1試合の時間は2〜3分程度が適当と考えます。1チームの人数や1ゲームに参加する人数にもよりますが、本書で提示している「壁ありゲーム」の場合、かなりの運動量があると考えます。休憩時間をとりながら、多くの試合を経験させたいものです。

●大会形式について

　児童は高学年になるにしたがって、勝敗に対して受け入れる態度が育ってくると考えられます。そこで、高学年では優勝を目指したり、順位付けしたりするような形式を取り入れることもできると思います。低学年では順位付けなどの結果よりも、例えば、試合ごとにメンバーが変わるなどのようなよりゲームを楽しむ形式にしても良いと考えます。

　大会の形式はリーグ戦、トーナメント戦のどちらを活用してもよいでしょう。多くのチームと試合をする、どのチームも同じ試合数をこなすという考え方からすればリーグ戦が推奨されます。順位付けするための勝ち点制や得失点差などを学ぶ機会にもなると考えます。トーナメント戦で実施する場合は負けたチームが次の試合がなくならないように、チームによって試合数が偏らないようにする工夫が必要です。

【リーグ戦】

	A	B	C	D	E
Aチーム	ー				
Bチーム		ー			
Cチーム			ー		
Dチーム				ー	
Eチーム					ー

【トーナメント戦】

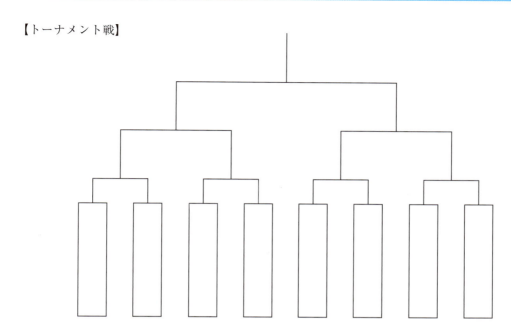

● 大会の実際

　授業時間をウォーミングアップとゲームで構成します。開会式、表彰式等はクラスの運営力を高めることにつながると考えられます。学年に応じて実施するとよいでしょう。また、挨拶、握手などフェアプレー、リスペクト精神の現れは基本的に大切したいと考えます。試合の繰り返しであっても毎試合行いたい活動です。作戦タイムは特設すると多くの時間が消費されるので、試合の合間にできる限り、これまでの授業時間の中のゲームで学んできたことを中心に考えさせたいです。

　大会を盛り上げるためには、チーム名や、役割（キャプテン役、コーチ役など）、試合前の円陣コール、得点した時のパフォーマンスなどを考えさせるなどのちょっとした工夫をするのもよいでしょう。その他、タイム掲示、得点板、音楽の活用（開会式や入場時）、リーグ戦表・トーナメント戦表の作成、開閉会式時の挨拶、選手宣誓なども工夫の一つです。

「リスペクト」を大切に

　サッカーの楽しみ方は多様です。自分自身がプレーを楽しむだけでなく、サッカーを見て楽しむなど、サッカーを通した多様な活動は生涯を通して経験できます。運動が苦手、嫌いな児童の気持ちにも寄り添いながら、サッカーを通して「できた」「分かった」「楽しい」を経験できる工夫が必要です。サッカーでは、ボール扱いの技術だけではなく、ボールを持たない時に仲間をサポートしたり、守備の準備をしたりといったプレーが必要であり、重要です。そのための知識をきちんと授業で伝える必要があります。

　また、仲間と一緒にプレーするには、相手を思う気持ちが絶対に必要です。サッカーでは世界中で「リスペクトすること」を大切にしています。障がいがある人、男女、人種、思想などにかかわらず、お互いを認め合い、サッカーを楽しむことができるようになる、そんな学びの場を作ることができればすばらしいと考えます。

（JFAの取り組みは、巻末P156参照）

技能発揮に生きる知識に支えられた思考力、判断力をサッカーから学ぶ

　ただ闇雲にボールをキックしたり、ドリブルしたりしても、サッカーを上手くプレーできません。また、サッカーはチームでプレーするので、味方同士の意図を一致させることが必要です。そのためには、子ども達にサッカーの技術やゲームで効果的にプレーするための知識を与える必要があります。この知識を生かしながら、どうすればうまくプレーできるのかを、ある時は主体的に、ある時は仲間との対話を通して学ぶ機会を作ることが必要です。サッカーのプレーに関わる膨大な知識の中なから、小学校高学年までには以下の点については習得すべきだと考えています。

「サッカーの技術に関する知識」
- ボールを扱う時にはボールをよく見ることが大切
- キックや足でボールをコントロールする時は片足でバランスよく立つことが大切
- キックの時は、蹴り足の足首は固定した方が良い
- ボールをコントロールする時は、ボールに触るところはリラックするように心がける
- 急いでプレーするよりも正確にプレーする方が良い
- フェイントは相手の態勢を崩すことが狙いである

「サッカーの戦術に関する知識」
- シュートをうてるところまでボールを運ぶ
- 相手、味方を見てどこにスペースがあるかを意識する
- 空いたスペースはボールを運びやすい
- 意図的にスペースを作ることが大切

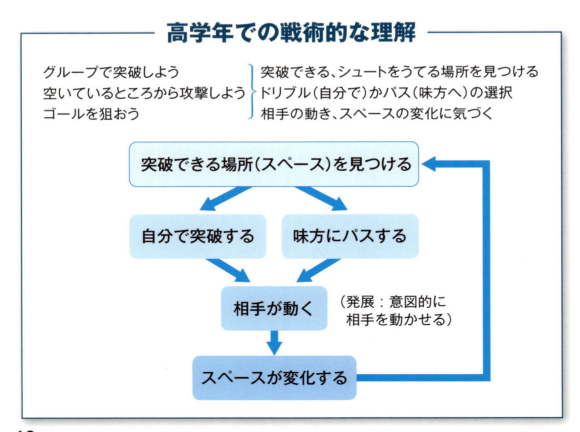

「意図的にスペースを作るために」グループで突破しよう（ドリブル）

1. 相手の隙を見つけて突破する

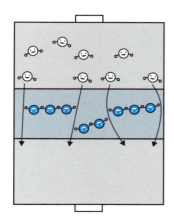

2.1. まず自分から動いて相手を動かす

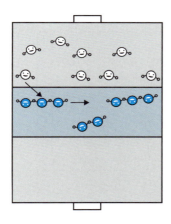

2.2. 方向転換して相手が動いてできたスペースへ突破する

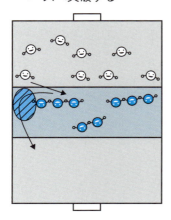

自分の動きで相手を動かす
その結果生まれるスペースを見逃さない

3.1. 味方がスペースを見つけて突破しようとする

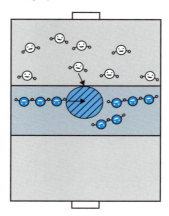

3.2. その動きに対応した相手の動きを見て、スペースを見つけ突破する

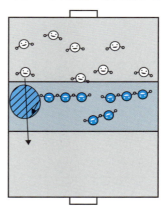

3.3. さらに、その動きに対応した相手の動きを見て、隙を見つけ突破する

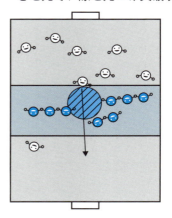

味方が動くことよって、相手が対応する
その結果、生まれる隙を見逃さない

19

グループで突破しよう（パス）

1. スペースを見つけて反対側にパス

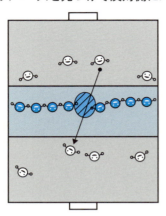

2.1. 相手がパスコースをふさいでいるためパスできない

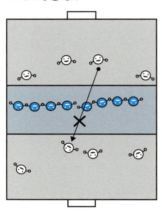

2.2. 外側にいる味方にパス

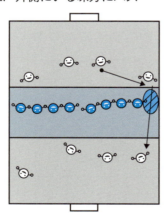

反対側にパスを出せる味方を見つける
その味方にパスを出すことよって
反対側にパスが出せる

3.1. 反対側にパスを出そうとする
それをふさぐために相手が動く

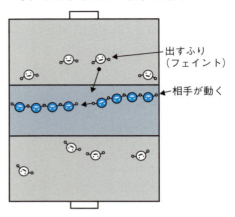

3.2. 相手が動いたことによってスペースが生まれる

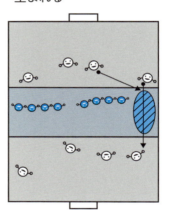

まず、自分のプレーに対して相手の反応を引き出す
その変化に応じて次のプレーを選択する

ゴールをねらおう　シュートはいつうてる？

ゴールの間に相手がいない

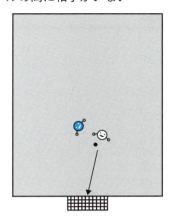

自分でシュートコースを作る

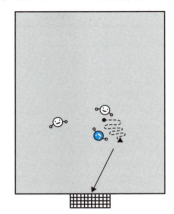

シュートをうてる味方にパス

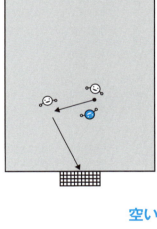

マークから外れた味方にパス

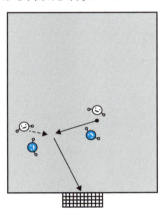

空いてるところから攻撃しよう

攻めることができる2つのゴールの前にスペースがあるかを見る
狭いスペースより広いスペースの方がチャンスがある

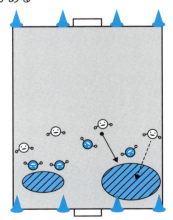

自分でドリブル突破しようとすることで、味方により大きなスペースを与えることができる

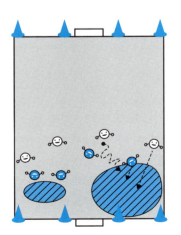

各学年のねらい

低学年：ボールけりゲーム

1年生

01　ねらって思いきりキックしよう
思いきりける→ねらってける
従来はゲームは的当てまででしたが、サッカーのゲームを導入。この年代から十分にゲームを楽しむことができます。全員がボール、ゲームに関われる設定、3対3とします。

2年生

02　どんどんドリブルしよう
「ボールを運ぶ」にはドリブルとパスがあります。グループで協力してボールを運びながらゴールへ迫ります。目的はゲームであり、あくまでもゴールを奪うための「運ぶ」です。「運ぶ」ことが最終目的ではありませんので、テーマを大切にするあまりとらわれすぎないようにすることが大切です。

**低学年
オプション**

03　ボールを運ぼう
ドリブルとキックを混合して複合的に扱います。コーン倒しゲームでは、ボールを当ててコーンを倒すということで、自然とねらって強いボールをけることに取り組めます。コーンを倒すということで、達成感のある課題です。

中学年：ゲーム（ゴール型）

3年生

01　パスをしよう
ボールをパスし、受ける。2人組で意図を持って次へ運ぶことに取り組みます。

4年生

02　シュートをしよう
特に、サッカーの醍醐味であるシュートに焦点を当てます。たくさんシュートをする、そして決めることを積み上げ、それをゲームの中でもたくさん発揮することを目指します。

**中学年
オプション**

03　みんなで運ぼう
体をうまく使ってボールを保持することを学びます。チームゲームであるサッカーを支える特徴である、グループでボールを運んでゴールに迫る部分に焦点を当てます。グループで攻め、守ることをたくさん経験していきます。

高学年：ボール運動（ゴール型）

5年生

01　グループで突破しよう
グループで、コースをねらい、あるいは作り、突破することを学びます。味方が動くこと、あるいはボールを動かすことで、相手に変化ができて、ゲームが展開していきます。

6年生

02　空いているところから攻撃しよう
活動の前半では、ボールにたくさん触り、ボールの感覚、ボールを扱うことを楽しみます。活動2の4ゴールゲームでは、ゴールが2つずつあることで、ゴールに直線的に向かうばかりでなく、幅を使って、だめなら他が空いている、ねらい直せばよいということに気づかせたい。それを通常のゲームに戻したときにもぜひ生かして、よいゲームをしてください。

**高学年
オプション**

03　みんなで工夫してゴールをねらおう
シュート練習では、空いている方をねらうことを学びます。活動2では、2対1という、攻撃側が1人多い状況で、落ち着いてパスをして攻撃することが有効であることに気づかせたい。それを通常のゲームに戻したときにもぜひ生かして、よいゲームをしてください。

　以上、焦点を当てたテーマを持って学年ごとに積み上げていきますが、サッカーは一つひとつの独立したテーマ（パス、ドリブル等）の組み合わせではなく、はじめからゲームという全体像があります。粗いながらもゲームを楽しむ、そしてそれをだんだんとよいゲームにしていくイメージを持ち、一つひとつのテーマにとらわれすぎず、サッカーのゲームを常に楽しんでください。

全体の構成一覧

	単元名	ウォーミングアップ	活動1	活動2	ゲーム
低学年	01 ねらって思いきりキックしよう	言うこと一緒 たまご落とし 手つなぎおに	ボールフィーリング	ターゲットキック	3対3
低学年	02 どんどんドリブルしよう	どんじゃん	川渡りドリブル	ナンバーコールゲーム	3対3
低学年	03 ボールを運ぼう	だるまさんがころんだ 仲よしドリブル	ドッジボール	コーン倒しゲーム	3対3
中学年	01 パスをしよう	コーン取りおに こおりおに	ボールコントロール	ゲートを通せ！	3対3
中学年	02 シュートをしよう	ボール集めゲーム	ストップボール	シュートゲーム	3対3
中学年	03 みんなで運ぼう	ステップ ボールレスリング	ねことねずみ ボールキープ	ラインゴールゲーム ゾーンゴールゲーム	3対3
高学年	01 グループで突破しよう	しっぽ取り	川渡りドリブル	川渡りパス	4対4（＋GK）
高学年	02 空いているところから攻撃しよう	ボール出し	パスを回せ！	4ゴールゲーム	4対4（＋GK）
高学年	03 みんなで工夫してゴールをねらおう	セーフティペア	2ゴールシュート	ボール回し	4対4（＋GK）

ボールけりゲーム

ゲーム［ボールゲーム］

低学年

 目 標

1 目　標

(1) 各種の運動遊びの楽しさに触れ、その行い方を知るとともに、基本的な動きを身に付けるようにする。
(2) 各種の運動遊びの行い方を工夫するとともに、考えたことを他者に伝える力を養う。
(3) 各種の運動遊びに進んで取り組み、きまりを守り誰とでも仲よく運動をしたり、健康・安全に留意したりし、意欲的に運動をする態度を養う。

2 内　容

(1) ボールゲームでは、簡単な操作と攻めや守りの動きによって、やさしいゲームをすること。
(2) 簡単な規則を工夫したり、攻め方を選んだりするともに考えたことを友達に伝えること。
(3) 運動遊びに進んで取り組み、規則を守り誰とでも仲良く運動をしたり、勝敗を受け入れたり、場や用具の安全に気を付けたりすること。

3 低学年の考え方

(1) ボールは1人につき1個とする。
(2) 全員がボールにふれて動いている（全グループ同時）。
(3) できるだけ、左右両方行わせるようにする。

単元における活動内容

※ 6時以降も時数が確保できる場合は、ウォーミングアップ後、ゲーム大会をする。

単元名	ウォーミングアップ	活動1	活動2	ゲーム
01 ねらって思いきり キックしよう	言うこと一緒 たまご落とし 手つなぎおに	ボールフィーリング	ターゲットキック	3対3
02 どんどんドリブル しよう	どんじゃん	川渡りドリブル	ナンバーコールゲーム	
03 ボールを運ぼう	だるまさんがころんだ 仲よしドリブル	ドッジボール	コーン倒しゲーム	

低学年における言語活動の考え方

ボールをけったり、運んだりするといったプレーが上手くなるためには、自分なりに工夫し、コツを見つけることが大切です。それを上手く言葉にできなくても、自分のプレーを振り返る時間を作ることが必要です。また、人のプレーを観察し、お互いにほめたり励ましたりする雰囲気を作りましょう。

評価

【単元のねらい】

1年生

　知識及び技能：いろいろな動きができる。

　　　　　　　　　ねらって思いきりけったり投げたりすることができる。

　思考力、判断力、表現力等：ゴールに向かうためにプレーしようとしている。

　学びに向かう力、人間性等：ボールに慣れ親しみながら、自分の課題にチャレンジしている。

2年生

　知識及び技能：相手を見ながらプレーをすることができる。

　思考力、判断力、表現力等：ゴール方向に向かってボールを運ぼうとする。

　　　　　　　　　　　　　　ボールの前に立って邪魔をしようとする。

　学びに向かう力、人間性等：仲間と協力して攻めたり守ったりしようとする。

評価の観点

	知識・技能	思考・判断・表現	主体的に学習に取り組む態度
01	・いろいろな動きをしている ・ねらってキックしている ・踏み込んでキックしている ・たくさんキックしている ・思いきりキックしてる	・友達のけり方を見るなど、どうやったら勢いのあるボールがねらったところにいくか工夫している ・ゴールに向かってボールをけりこもうとしている	・ボールに慣れ親しみながら何回も自分の課題にチャレンジしている
02	・様子を見て反応している ・相手や味方を見ながらドリブルしたり止まったりすることができる ・空いてるところをねらって、パスやシュートができる	・ゴール方向を意識して、攻撃している ・ボールの前やシュートコースに立って邪魔をしようとしている	・仲間と協力して攻めたり守ったりしようとしている ・勝敗を受け入れている ・何度もチャレンジしている
03	・様々な動きができる ・思いきりキックしている ・ねらって、ボールを投げたりキックしたりしている	・周りの状況を見て体の向きを考えてプレーしている ・周りを見ながら連続して行動している ・ゴールをねらっている	・積極的に動いている

※評価の観点は平成31年3月29日の文部科学省の通知に基づいている

低学年　ボールけりゲーム

[単元における活動の全体構成] ボールけりゲーム

ねらって思いきりキックしよう

ウォーミングアップ
動きづくり（多種・多様）

●言うこと一緒、やること一緒（逆）
　・1人ずつ。
　・3〜4人手つなぎで。
●たまご落とし

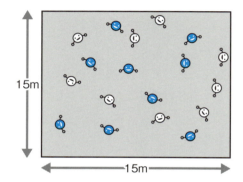

・16人程度（2グループ同時に行う）。
・ボールを左手で持ち、右手で相手のボールを落とす（逆の手も）。
・落とされた子はボールを拾い、体の周りを1回まわしたら戻る。

●手つなぎおに
・同じコートで行う。
・手つなぎでおにごっこ。
・タッチしたらおにと交代。

活動1
ボールフィーリング

ボール1人1個。
（やさしい）
●ボールキャッチ
　・両手で投げて、両手でキャッチ。
　・片手で投げて同側／反対でキャッチ。

《投げ上げた後》
　a. 頭、おしり、おなかをさわってキャッチ。
　b. 手を3回たたいてキャッチ。
　c. 地面をさわってキャッチ。
　d. 1回転してキャッチ。
●ボールころがし
　・体の周りを転がす。
●ボールを足ではさんで遊ぼう
●ステップワーク
　・左右交互に足でボールタッチ。
　・軸足（前後→左右）。
（難しい）
●ボールタッチ
　・左右の足の内側でボールを動かす。

 POINT
・すべてを行う必要はなく、子ども達の状況に合わせて選択する。

 活動の意図
楽しみながら多種多様な動きを経験する。

☑ 評　価
いろいろな動きをしている。
準備を友達と一緒にしている。

活動の意図
ボールにたくさん触れ、自分の課題にチャレンジする。

☑ 評　価
ボールを手足（左右）で触れている。
ボールに慣れ親しみながら、何回も自分の課題にチャレンジしている。
いろいろな動きの中でスムーズにボールを扱っている。
友達へのアドバイスをしている（考えを伝えている）。

はねすぎるボールでは慣れないと扱いにくく、また強いボールとなってしまうと当たることに怖さがあるので、ボールの空気を抜いてはずみにくくして行う方が、導入としては適しています。新聞ボール（P47参照）を活用することも有効です。

活動2　ターゲットキック

●コーン当て

やさしい

- ボール1人1個。
- スタートラインからボールをけってコーンに当てる。
- 全員当たったら2本、1本とコーンを減らす。

- コーンに当てて倒す（コーン倒し）。
➡距離を変えてチャレンジ。

●キックボーリング
➡チームで全部倒す。

難しい

 活動の意図
的に当てる（達成感、爽快感、正確性）。

 評　価
ねらってキックしている。
踏み込んでキックしている。
たくさんキックしている。
思いきりキックしている。
友達のけり方を見るなど、どうやったら勢いのあるボールがねらったところにいくか工夫している。
友達の良いところを見つけ、言葉や動作で表している。

●バランスボール当て
- バランスボールに向かってキックでボールを当てる。

ゲーム　3対3　大きめのゴール

●3対3
- 周りの子ども達は壁役。

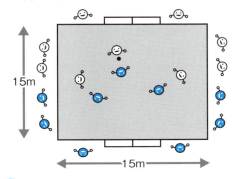

活動の意図
大きめのゴールに向かってボールをけり込む。

評　価
練習でやったことをたくさん発揮！
・ゴールに向かってボールをけっている。
友達の良いところを見つけている。
友達を応援している。
勝敗を受け入れている。
片付けを友達と一緒にしている。

- バランスボールにボールを当てて動かしゴールに運ぶ（オプション：相手陣地に入れる＝図）。
- 時間内は何度でもチャレンジ。
- ボール1人1個。
※段ボールまたはコーンを使う。

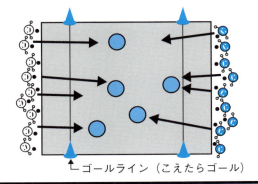
ゴールライン（こえたらゴール）

低学年　ボールけりゲーム

低学年 01

45分の展開例

第1時 ボールけりゲーム
ねらって思いきりキックしよう

ウォーミングアップ
動きづくり（多種、多様）

●言うこと一緒、やること一緒（逆）
・1人ずつ行う。
・先生（リーダー）が「言うこと一緒」と言ったら「言うこと一緒」、「やること一緒」と言ったら「やること一緒」と言う。「右」と言われたら「右」と言いながら手をつないだままいっせいに右にジャンプ。先生は、右、左、前、後ろを任意にコールする。
・先生（リーダー）が「言うこと一緒」と言ったら「言うこと一緒」、「やること逆」と言ったら「やること逆」と言う。「右」と言われたら「右」と言いながら手をつないだままいっせいに左にジャンプ。先生は、右、左、前、後ろを任意にコールする。
・その他、「言うこと逆、やること一緒」「言うこと逆、やること逆」のバリエーションがある。

●発展
・3～4人が手つなぎで行う。
・課題を2つ3つと増やしていく。「右、左」「前、左、後ろ」。

POINT
・子ども達が声をそろえて大きな声を出すことで一体感が増し、楽しさが増す。
・手をつなぐことで難しさと楽しさが増す。

活動1
ボールフィーリング

ボール1人1個。
●ボールキャッチ
・両手で投げて、両手でキャッチ。
・片手で投げて同側／反対でキャッチ。

《投げ上げた後》
a. 頭、おしり、おなかをさわってキャッチ。
b. 手をたたいてキャッチ。
c. 地面をさわってキャッチ。
d. 1回転してキャッチ。

POINT
・多種多様なボールキャッチにチャレンジ。ここに挙げたものはあくまで例で、他にもいろいろなものがある。
・できる子には、少し難しいことにチャレンジさせたい。例えば➡手をたたく回数「何回できる？」➡モデルとして見せる。
・できなかったら1バウンドしてキャッチからでもよい。

教師の声かけ
・他にはどんな方法があるかな？

ADVICE
・ボールのキャッチが難しい子には…
➡手の形やボールの取り方を確認する
➡ボールの投げ上げ方を確認する。

手の間を空けず、下から受けるようにすると取りやすい。

活動2 ターゲットキック

●コーン当て

- ボール1人1個。
- スタートラインからボールをけってコーンに当てる。
- 全員当たったら2本、1本とコーンを減らす。

- 発展としてコーン倒しを目指す（強いボールで当てる）。

POINT
- 子ども達に合わせて距離を調整する。スタート位置を徐々に変える等。
- 子どもが待ちすぎないように、8か所作り、4～5人組で実施する。
- コーンを使うと倒すことの達成感。ねらって強くける。粘り強さにアプローチ。
- 自分でけったボールは自分で拾ってくる。
- 1人ずつキックする方法と、並んで一斉にキックする方法もある。
- け方について、はじめから形にこだわらないようにする。

ADVICE
- うまくコーンに当たらないときは…
→距離を縮める。逆にできる子には距離を延ばすことにチャレンジさせる。

コーンが遠いと、ボールを強くけることに意識が集中し、正確性に欠けるので、まずはまっすぐ当てられる距離からはじめる。

ゲーム 3対3 大きめのゴール

●3対3

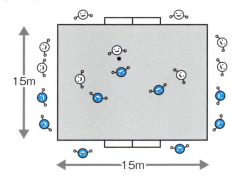

- 3対3。
- 周りの子ども達は壁役。

POINT
- 壁役の子ども達には、ゴロで素早く中に返すように確認する（手で、足で、体で）。パスではないことに留意する。
- ボールは、痛みや恐怖感を軽減するためにソフトなボール、あるいは技術の不足を補うために空気を抜いたものを使う。新聞ボールも導入には有効（P47参照）。
- ルール理解のために、1コートから始め、2コートへ増やしたい。
- 挨拶や握手などのマナーの指導をする。

試合前、試合後にはお互いに握手するようにする。

低学年　ボールけりゲーム　29

45分の展開例

第2時 ボールけりゲーム
ねらって思いきりキックしよう

ウォーミングアップ
動きづくり（多種、多様）

●たまご落とし

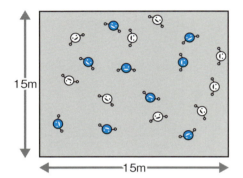

- 16人程度（2グループ同時に行う）。
- ボールを片方の手のひらに乗せ、自分のボールを落とされないように、反対の手で相手のボールを落とす。
- 落とされた子はボールを拾い、体の周りを1回回したら戻る。

POINT
- 何回でもチャレンジできることを確認し、積極的にトライすることを促す。

教師の声かけ
- （周りの子の様子を見ている子どもに対して）よく見てるね。
- たくさん落とすようにチャレンジしよう。

活動1
ボールフィーリング

ボール1人1個。

●ボールキャッチ
- 両手で投げて、両手でキャッチ。
- 片手で投げて同側／反対でキャッチ。

《投げ上げた後》
a. 頭、おしり、おなかをさわってキャッチ。
b. 手を3回たたいてキャッチ。
c. 地面をさわってキャッチ。
d. 1回転してキャッチ。

●ボールころがし
- 座って体の周りを転がす。

POINT
- 「できるだけ高く／たくさん」にチャレンジさせると、個別にアプローチできる。
- 難しいことにチャレンジしている（高さ、回数など）子を認め広める。
- デモンストレーションを活用する。

教師の声かけ
- ○○さんは3回にチャレンジしているね。
- ○○さんは逆の手でもできるようになったよ！

活動2 ターゲットキック

●コーン当て
- ボール1人1個。
- スタートラインからボールをけってコーンに当てる。
- 全員当たったら2本、1本とコーンを減らす。
- 発展としてコーン倒しを目指す（強いボールで当てる）。
- 距離を変えてチャレンジ。

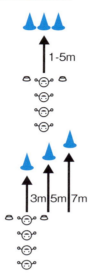

POINT
- グループ間で競争させると盛り上がりが増す。
- 距離の目印のマーカーは、ボールの横に軸足をしっかりふみこめるように、幅を十分にとる。
- 地面をけりそうで怖がる子には、マーカーの上にボールをセットしてける方法を提示してもよい。

📢 教師の声かけ
- コーンを倒すにはどうしたらよいかな？

ADVICE
- うまくキックができている子には…
➡ 利き足と逆の足でチャレンジすることを促す。

ゲーム 3対3 大きめのゴール

●3対3

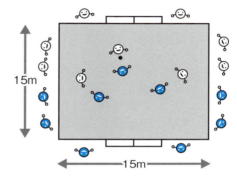

- 3対3。
- 周りの子ども達は壁役。

POINT
- 得点したときにはハイタッチやポーズなど喜びを表現させると盛り上がりが増す。
- 壁役の役割をしっかりと押さえる（P12参照）。

ADVICE
- どうしたらよいかわからず、立ち止まってしまう子には…
➡「まずボールをけってみよう」と積極的にチャレンジさせる。

ハイタッチという1つの形を提示することで。素直に感情を表現し、子ども同士のつながりが深まる。

低学年 ボールけりゲーム

45分の展開例

  第3時 ボールけりゲーム
ねらって思いきりキックしよう

ウォーミングアップ
動きづくり（多種、多様）

●たまご落とし

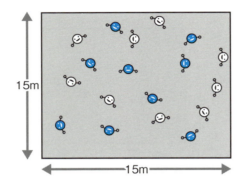

15m × 15m

- 16人程度（2グループ同時に行う）。
- ボールを片方の手のひらに乗せ、自分のボールを落とされないように、反対の手で相手のボールを落とす。
- 落とされた子はボールを拾い、体の周りを1回回したら戻る。

POINT
- チーム戦で対抗戦にすることもできる。
- 慣れてきたら、ボールを持つ手を反対にして、左右両方できるようにする。

なるべく人から遠いところでボールを待ち、相手のボールをねらう。周りをよく見て、自分のボールをただ守るのではなく、ねらわせるようにしていく。

活動1
ボールフィーリング

ボール1人1個。

●ボールキャッチ
- 両手で投げて、両手でキャッチ。
- 片手で投げて同側／反対でキャッチ。

《投げ上げた後》
a. 頭、おしり、おなかをさわってキャッチ。
b. 手を3回たたいてキャッチ。
c. 地面をさわってキャッチ。
d. 1回転してキャッチ。

●ボールころがし
- 座って体の周りを転がす。

POINT
- 姿勢の変化をつけることもできる（長座、しゃがんで、立って前屈をして）。
- モデルを見せる（うまくできている子）。
- 左右両方させる。

●ボールを両足ではさんでジャンプ
- はさんでジャンプ。
- ジャンプしてボールを空中に上げてキャッチ。

32

活動2 ターゲットキック

● コーン当て
- 全員当たったら2本、1本とコーンを減らす。
- 発展としてコーン倒しを目指す（強いボールで当てる）。

● キックボーリング
➡ チームで全部倒す。
- まず下手投げで転がして倒す。
- けったボールで倒す。

教師の声かけ
- 最後までよくがんばったね。
- ○○グループのみんなは、他のグループの応援もできていたね。

POINT
- 軸足を踏み込んでキックさせる。
- 下手投げを行うことで自然に踏み込みを経験させ、キックの立ち足の導入とする。

ゲーム 3対3 大きめのゴール

● 3対3

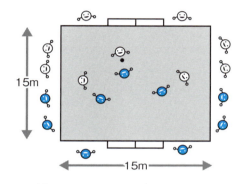

- 3対3。
- 周りの子ども達は壁役。

POINT
子どもの交代は、「時間を区切って（2〜3分）で交代する」等、子どもの状況、人数に合わせて選択する。

《スランティライン理論の考え方》

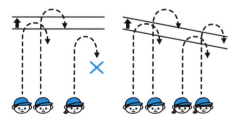

ゲームで全員がプレーすることは、実際の授業では困難な面がある。そこで、子どもを交代させながらプレーしていく。交代の方法には、時間で交代や勝った（負けた）チームが残るなどがあるが、その一つとして得点を入れた子どもが交代するという方法がある。得点をする得意な子ども達がコートを一時的に出ることで、苦手な子ども達がボールにふれる、プレーする機会が増えていく。「一番練習しなければならないのは、苦手な子ども達である」というスランティライン理論の考え方にも適っている（P13参照）。

45分の展開例

第4時 ボールけりゲーム

ねらって思いきりキックしよう

ウォーミングアップ
動きづくり（多種、多様）

●手つなぎおに
・手つなぎでおにごっこを行う。
・タッチしたらおには交代する。

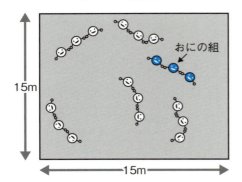

POINT
・手つなぎは2人から始め、4人程度まで増やす。
・おにはゼッケンを首にかける等、素早く再開できるようにする。
・ぶつかったり転んだりすることに注意。転びそうになったら、手を離すように声かけをする。

🔊 教師の声かけ
・仲間と助け合おう。
・手を離さないで動くにはどうしたらよい？

活動1
ボールフィーリング

ボール1人1個。

●ボールキャッチ
・両手で投げて、両手でキャッチ。
・片手で投げて同側／反対でキャッチ。

《投げ上げた後》
a. 頭、おしり、おなかをさわってキャッチ。
b. 手を3回たたいてキャッチ。
c. 地面をさわってキャッチ。
d. 1回転してキャッチ。

●ボールを両足ではさんでジャンプ
●ステップワーク
・左右交互に足でボールタッチ。
●ボールタッチ
・左右の足の内側でボールを動かす。

POINT
・ステップワークやボールタッチでは、回数や時間を示すことで目標を持たせる。
・ゆっくりからスタートして徐々にスピードを上げさせる。

🔊 教師の声かけ
・〇〇さん、リズムがよくなってきたね。

ADVICE
・動きがスムーズでない子には…
➡「イチ、ニ、イチ、ニ」など、声を出してリズムをとらせるとわかりやすい。

活動 2 ターゲットキック

●バランスボール当て

- バランスボールに向かってキック。
- バランスボールにボールを当てて動かし、ゴールラインを越えて相手陣地に入れる。
- ボールを拾って時間内は何度でもチャレンジ。
- ボールは1人1個からスタート。
- バランスボールがない場合は、段ボールなどで代用が可能。

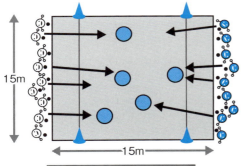

POINT

- 動くターゲットへのキックで、よりしっかりねらって強くけろうとする姿が自然に出てくる。
- 当ててゴールに運ぶ攻防になるので、競争の要素も出て楽しいゲーム。
- 正面からくる相手チームからのボールが危ないようだったら、一方向にして速さを競う。

ゲーム 3対3 大きめのゴール

●3対3

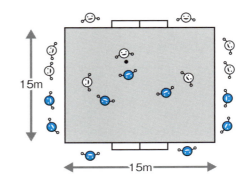

- 3対3。
- 周りの子ども達は壁役。

📣 教師の声かけ

- ○○さん、よいキックだね。
- よくねらっているね。
- よく守っているぞ。
- よいところに動いたね。

壁役がいることで、プレーが途切れず連続性が確保される。また、苦手な子ども達にとっても、安心してボールに向かうことができる。

低学年 ボールけりゲーム

45分の展開例

第5時 ボールけりゲーム
ねらって思いきりキックしよう

ウォーミングアップ
動きづくり（多種、多様）

●**手つなぎおに**
- 手つなぎでおにごっこ。
- タッチしたらおには交代。
- おにの組の数を増やす。

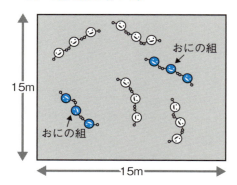

POINT
- ルールに慣れてきたらおにのグループを2つに増やす。見るところが増えるので、子ども同士の声かけが自然に増す。

3人が協力することで、自然と役割が生まれてくる。

活動1
ボールフィーリング

ボール1人1個。

●**ボールキャッチ**
- 両手で投げて、両手でキャッチ。
- 片手で投げて同側／反対でキャッチ。

《投げ上げた後》
a. 頭、おしり、おなかをさわってキャッチ。
b. 手を3回たたいてキャッチ。
c. 地面をさわってキャッチ。
d. 1回転してキャッチ。

●**ステップワーク**
- 左右交互に足でボールタッチ。
- 足を同時に入れかえる。

POINT
- ボールにタッチする足に重心をかけると危険なので注意を喚起する。

●**ボールタッチ**
- 左右の足の内側でボールを動かす。

ADVICE
- 難しい子には…。
→「ゆっくり」からスタートさせる。

活動2 ターゲットキック

●バランスボール当て
- バランスボールに向かってキック。
- バランスボールにボールを当てて動かし、ゴールラインを越えて相手陣地に入れる。
- ボールを拾って時間内は何度でもチャレンジ。
- ボールは1人1個からスタート。
- バランスボールがない場合は、段ボールなどで代用が可能。

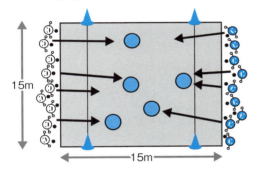

📣 教師の声かけ
- ○○さんは何度もチャレンジしているね。

バランスボールがない場合は、上図のような段ボールで簡単に作れるものを代わりに使用する。

ゲーム 3対3 大きめのゴール

● 3対3

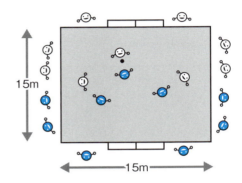

- 3対3。
- 周りの子ども達は壁役。

POINT
- チームでの作戦タイムをとるとしても、短い時間に設定する。「仲間を応援する」や「一生懸命ボールを追いかける」など全員ができそうなことにとどめておく。「関わり」は自然とゲームの中で出るので、必ずしも作戦タイムをとる必要はない。
- まとめでは、友達の良いところや楽しさについて、簡潔に話をさせる。

※体育館で3対3を行うときには、そのまま壁を利用することもできる。利用できる壁がない場合は、跳び箱やベンチなどで代用する。

📣 教師の声かけ
- どこにいったら守れるかな？

低学年 ボールけりゲーム 37

低学年 01

45分の展開例

第6時 ボールけりゲーム
ねらって思いきりキックしよう

ウォーミングアップ
動きづくり（多種、多様）

●手つなぎおに
- 手つなぎでおにごっこ。
- タッチしたらおには交代。
- おにの組の数を増やす。

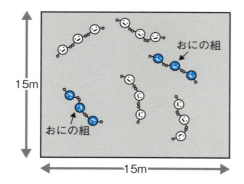

🔊 教師の声かけ

・仲よく声かけができているグループがあるね。

おにのグループを複数にすることで、おにグループ同士の協力が生まれる。逃げるグループもチャレンジが生まれ、活動全体に子ども同士の声かけが増えてくる。

活動1
ボールフィーリング

ボール1人1個。

●ボールキャッチ
- 両手で投げて、両手でキャッチ。
- 片手で投げて同側／反対でキャッチ。

《投げ上げた後》
a. 頭、おしり、おなかをさわってキャッチ。
b. 手を3回たたいてキャッチ。
c. 地面をさわってキャッチ。
d. 1回転してキャッチ。

●ステップワーク
- 左右交互に足でボールタッチ。
- 足を同時に入れかえる。

POINT
・動きがスムーズになっているようなら、移動を組み合わせることもできる。急がせすぎないことが重要となる（正確性を大切にする）。

●ボールタッチ
- 左右の足の内側でボールを動かす。

🔊 教師の声かけ

・○○さんは速くなってきたよ。
➡ モデルで見せるとよい。

※6時以降も時数が確保できる場合は、ウォーミングアップ後、ゲーム大会をする。

活動2 ターゲットキック

● バランスボール当て
- バランスボールに向かってキック。
- バランスボールにボールを当てて動かし、ゴールラインを越えて相手陣地に入れる。
- ボールを拾って時間内は何度でもチャレンジ。
- ボールは1人1個からスタート。
- バランスボールがない場合は、段ボールなどで代用が可能。

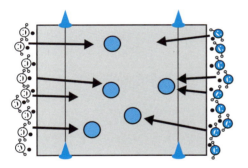

📢 教師の声かけ
- よくねらってけっているね
- 強いボールがけれるようになったね。

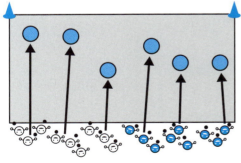

対面型で、正面からボールが来て危ない場合は、一方向にする方法もある。ただし、ボールをたくさん用意する必要がある。

ゲーム 3対3 大きめのゴール

● 3対3

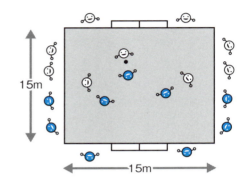

- 3対3。
- 周りの子ども達は壁役。

POINT
- 団子状態から離れてボールを受けようとしたり、ボールとゴールの間に立って守ろうと動いている子を見つけ認め、広めたい。

📢 教師の声かけ
- ○○さん、良い場所を見つけていたね。

団子状態になっている場合には、ボールを受けようとしている子を見つけ、認める。

低学年 ボールけりゲーム

[単元における活動の全体構成] ボールけりゲーム
どんどんドリブルしよう

ウォーミングアップ 動きづくり

●どんじゃん

やさしい

《直線コース》

- 1人ずつライン上を走り、相手と出会ったらじゃんけんをする。
- 勝った人は前に進む。
- 負けた人は自チームの列に並ぶ。
- 相手側のコーンにタッチできたら得点。

《曲線コース》
- 曲線路で行う。
- 左右どちらのカーブも経験させる。

難しい

・ドリブルで行う

 活動の意図
状況を見て反応して動く。

 評　価
思いきり走っている。
様子を見て反応している。
仲間と協力して活動している。
勝敗を受け入れている。
自分なりの力でボールをドリブルしている／止めている。

活動1 ドリブル

●川渡りドリブル

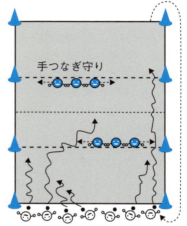

ボール1人1個

 やさしい

- ボール1人1個。
- ボールをけり出されずに2本の川を渡る。
- 時間内に何回チャレンジしてもよい。

- ボールなしでスタートし、ルールを理解させる。
- 守りの子ども達は手をつなぐ。
- 守りの子ども達を分けて1人ずつにする。

 難しい

活動の意図
相手を見ながら自分で方向を変えたり止まったりする。
仲間と協力して守ろうとする。

評　価
相手を見ながら自分で方向を変えたり止まったりしている。
仲間と協力して守ろうとしている。
何度もチャレンジしている。
仲間と協力してチームの得点を入れようとしている。
自分なりの力でドリブルしている。

ナンバーコールゲームは、次の利点があります。①様々な状況を作ることができる（苦手な子でもボールに触ることができる）。②全員が集中して関わることができる。③様々な学習内容（ドリブル、キック等）とも結びつけることができる。

活動2 ナンバーコールゲーム

● ナンバーコールゲーム

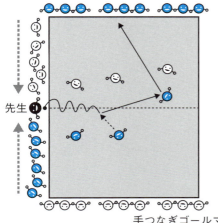

手つなぎゴールマン

やさしい
- 半分がプレー、半分がゴールマンになり手をつなぐ。
- 先生がナンバー（人数）をコールしながらボールをコートに投げ入れる。
- 言われた人数が内側から入りプレーする。
- 手つなぎゴールマン（味方）にパスができたら1点。

難しい
- コールする数を1人→3人へと増やす。
- ゴールマンの手をつなぐ人数を増やす。
- ゴールマンをゴールキーパーにして、パスではなくシュートにする。

● 活動の意図
様々な状況に反応してプレーする。
全員が集中して関わることができる。

● 評価
状況を見ながら判断してプレーしている。
空いているところをねらってパス／シュートをしようとしている。
ボールの前に立って守ろうとしている。
呼ばれたらいつでも出られる準備をしている。

ゲーム 3対3 大きめのゴール

● 3対3

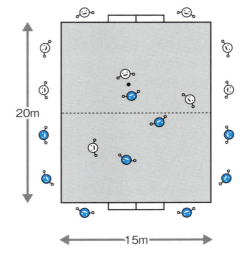

20m / 15m

- 3対3。
- 周りの子ども達は壁役。

● 活動の意図
やったことをゲームで発揮！
- ゴールを目指す、邪魔をする。

● 評価
ゴールを目指して攻撃している。
ボールの前やシュートコースに立って邪魔をしようとしている。
考えを友達に伝えている。
勝敗を受け入れている。

低学年 ボールけりゲーム　41

45分の展開例

第1時 ボールけりゲーム
どんどんドリブルしよう

ウォーミングアップ
動きづくり

●どんじゃん：直線コース

- 1人ずつライン上を走り、相手と出会ったらじゃんけんをする。
- 勝った人は前に進む。
- 負けた人は自チームの列に並ぶ。
- 相手側のコーンにタッチできたら得点。
- 点を取った後の再開は、自分達で「よーい、スタート」等、声かけをして進めさせる。

POINT
- コース（対戦）を複数並行して作り、全員がたくさん動けるようにする。
- 1グループの人数は4～5人程度にして、多くの子どもが動くようにする。
- ゴール間際では、もめごとになる場合もあるが、「どうしたら仲よくできるか？」と声をかけ、子ども達の考えを引き出したい。

教師の声かけ
- 仲よくゲームができたね。

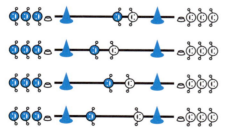

ウォーミングアップでは、できるだけみんなが動き続けることを大切にしたいので、列を多く作って行わせる。

活動1
ドリブル

●川渡りドリブル

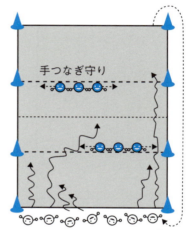

手つなぎ守り

ボール1人1個

- 1回目（本時）はボールなしで行う。
- おににタッチされずに2本の川を渡る。
- 守りの子ども達は手をつなぐ。
- 時間内に何回チャレンジしてもよい（タッチされても、ゴールしても）。
- 時間は1～2分程度。

POINT
- 安全のため、タッチされてスタートラインに戻るときは、外側から戻ることを徹底する。
- ゴール後に得点板などを置き、達成感や競争を味わわせる。

教師の声かけ
- ○○さんは何度もチャレンジしているね。

活動2 ナンバーコールゲーム

●ナンバーコールゲーム

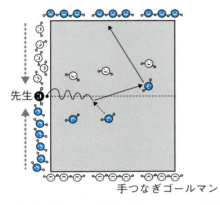

手つなぎゴールマン

- 半分がプレー、半分がゴールマンになり手をつなぐ。
- 先生がナンバー（人数）をコールしながら、ボールをコートにゴロで投げ入れる。
- 言われた人数が内側から入りプレーする。
- 手つなぎゴールマン（味方）にパスができたら1点。
- 終わった子は、サイド列の後ろにつく。
- コールする数を1～3人を基本とする。

POINT
- 安全のため、終わった子は必ずコートの外を回って戻ることを徹底する。
- ボールは「どこに出るかわからない」と伝え、対戦する子どもの技能差に対応して方向や出し方を変える。こう着する場合は、「引き分け」として次組に移行する。

ゲーム 3対3 大きめのゴール

●3対3

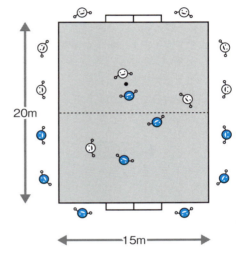

- 3対3。
- 周りの子ども達は壁役。

POINT
- 壁役の子ども達は、ゴロで素早く返すように確認する（手で、足で、体で）。パスではない。
- ボールは、痛みや恐怖感を軽減するためにソフトなボール、あるいは技術の不足を補うために空気を抜いたものを使う。新聞ボールも導入には有効。
- ルール理解のために、1コートから始め、次第に2コートへ増やしたい。
- 挨拶や握手などのマナーの指導をする。

補足　ボールを浮かしてしまうと、それをコントロールすることにストレスと時間がかかるため避けた方がよい。ボールは基本的にゴロとし、周りから入れるときもゴロにすることを推奨する。ボールも新聞ボール、空気を抜くなどして、はずみにくくする方が導入には適している。

低学年　ボールけりゲーム

45分の展開例

第2時 ボールけりゲーム
どんどんドリブルしよう

ウォーミングアップ
動きづくり

●どんじゃん：直線コース

- 1人ずつライン上を走り、相手と出会ったらじゃんけんをする。
- 勝った人は前に進む。
- 負けた人は自チームの列に並ぶ。
- 相手側のコーンにタッチできたら得点。

POINT
- 慣れてきたら、じゃんけん等のルールを変化させることもできる（負けたら進む、足じゃんけん等）。

教師の声かけ
- ○○グループはアドバイスや応援をいっぱいしているね。

足じゃんけんだ！　じゃんけんポン！

足じゃんけんは、ジャンプし体全体を使うので、ウォーミングアップに最適。

活動1
ドリブル

●川渡りドリブル

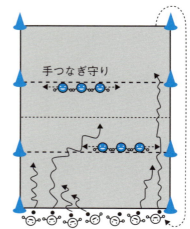

ボール1人1個

- ボール1人1個。
- ボールをけり出されないように、**ドリブル**で2本の川を渡る。
- 時間内に何回チャレンジしてもよい。
- 守りの子ども達は手をつなぐ。

POINT
- 単に長くけって走り抜けるようになるようだったら、エンドラインにゴールを置き、シュートさせる。
- 導入としては、手にボールを持って走り抜ける。次にドリブルで行う。

教師の声かけ
- ○○さん、よく見てあいているところから行ったね。
- ○○さんは今どうしてうまくできたのかな？
例：「おにを見てあいているところから行ったから」

44

活動2 ナンバーコールゲーム	ゲーム 3対3 大きめのゴール
●ナンバーコールゲーム	●3対3

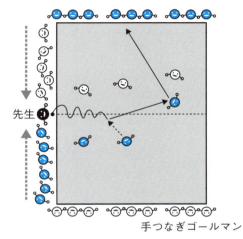
手つなぎゴールマン

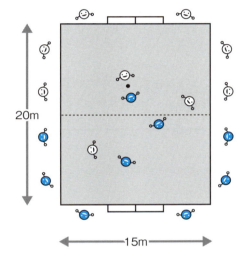

・半分がプレー、半分がゴールマンになり手をつなぐ。
・先生がナンバー（人数）をコールしながら、ボールをコートにゴロで投げ入れる。
・言われた人数が内側から入りプレーする。
・手つなぎゴールマン（味方）にパスができたら1点。
・終わった子は、サイド列の後ろにつく。
・コールする数を1～3人を基本とする。

POINT
・安全のため、終わった子は必ずコートの外を回って戻ることを徹底する。
・みんながボールにふれるようにする。人数が少ない方が関わりやすい。そのことを意識して、コールする人数やボールを入れる位置を工夫する。
・慣れてきたらテンポを上げて、たくさんプレーさせる。

教師の声かけ
・いつでもいける姿勢でよいね！

・3対3。
・周りの子ども達は壁役。

POINT
・得点したときにはハイタッチやポーズなど喜びを表現させると盛り上がりが増す。
・壁役の役割をしっかり押さえる。

ADVICE
・どうしたらよいかわからず立ち止まってしまう子には…
➡「まずボールをけってみよう」と積極的にチャレンジさせる。

低学年　ボールけりゲーム　45

45分の展開例

第3時 ボールけりゲーム

どんどんドリブルしよう

ウォーミングアップ
動きづくり

● どんじゃん：曲線コース
・曲線路で行う。
・1人ずつライン上を走り、相手と出会ったらじゃんけんをする。
・勝った人は前に進む。
・負けた人は自チームの列に並ぶ。
・相手側のコーンにタッチできたら得点。

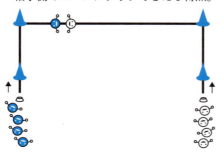

POINT
・左右どちらのカーブも経験させたい。

教師の声かけ
・○○さんは、よい準備をしているよ。

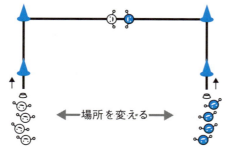

利き足の方がボールを扱いやすいため、同じ場所で続けると片方のチームが有利になるので、途中で場所を変える。両方の場所を経験することで、両足を使うことにもなる。

活動1
ドリブル

● 川渡りドリブル

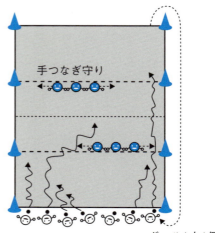

ボール1人1個

・ボール1人1個。
・ボールをけり出されないように、ドリブルで2本の川を渡る。
・時間内に何回チャレンジしてもよい。
・守りの子ども達は手をつなぐ。
・3本目の川を作ってもよい（人数、幅に応じて）。

教師の声かけ
・○○さんは、よく見てドリブルできたね（モデルとして見せる）。
・○○グループは声をかけ合ってよく守れているよ。
・○○さんは、素早く動いて何度もチャレンジしていたね。

活動2 ナンバーコールゲーム

●ナンバーコールゲーム

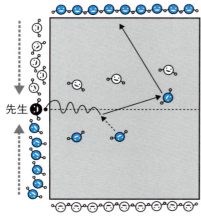

手つなぎゴールマン

- 先生がナンバー（人数）をコールしながら、ボールをコートにゴロで投げ入れる。
- 言われた人数が内側から入りプレーする。
- 手つなぎゴールマン（味方）にパスができたら1点。
- ゴールマンの手をつなぐ人数を増やす。

📢 教師の声かけ

- ○○さん、よく見てパスできたね。
- ゴールマンの○○グループは、よい場所に動いているぞ。

ゲーム 3対3 大きめのゴール

●3対3

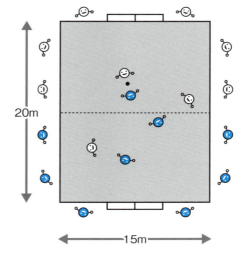

- 3対3。
- 周りの子ども達は壁役。

POINT

子どもの交代は、
- 2～3分で交代
- 得点したら1人ずつ交代する

等、状況、人数に合わせ選択する。

新聞ボールの作り方

準備するもの
1. 新聞紙
2. ビニール袋
3. ガムテープ

新聞紙をキャベツのように丸くしてビニール袋に入れる → ガムテープでとめる

ボールを止められない子には、新聞ボールが有効。ボールが転がりすぎないため、技能が安定しない子の助けとなる。

低学年　ボールけりゲーム　47

45分の展開例

  第4時 ボールけりゲーム
どんどんドリブルしよう

ウォーミングアップ 動きづくり

●どんじゃん：曲線コース
- 曲線路で行う。
- 左右どちらのカーブも経験させたい。
- ボール1人1個。
- 1人ずつライン上を走り、相手と出会ったらじゃんけんをする。
- 勝った人は前に進む。
- 負けた人は自チームの列に並ぶ。
- 相手側のコーンにタッチできたら得点。

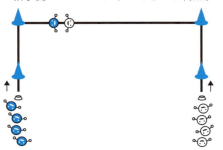

ADVICE
- 難しすぎるようだったら…
  ➡ ボールの空気を抜く、新聞ボールを使う等、転がりにくいボールにして行う。

新聞ボールと同様に、ボールの空気を抜くことも技能が低い子どもに有効。ボールが飛びすぎず、当たっても痛くない。

活動1 ドリブル

●川渡りドリブル

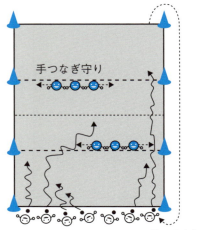

ボール1人1個

- ボール1人1個。
- ボールをけり出されないように、ドリブルで2本の川を渡る。
- 時間内に何回チャレンジしてもよい。
- 守りの子ども達は手をつなぐ。
- 3本目の川を作ってもよい（人数、幅に応じて）。

守備側は左右どちらにも対応できるように構える。

活動 2 ナンバーコールゲーム

● ナンバーコールゲーム

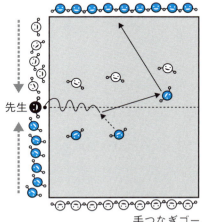

手つなぎゴールマン

- 先生がナンバー（人数）をコールしながら、ボールをコートにゴロで投げ入れる。
- 言われた人数が内側から入りプレーする。
- 手つなぎゴールマン（味方）にパスができたら1点。
- ゴールマンの手をつなぐ人数を増やす。

ゲーム 3対3 大きめのゴール

● 3対3

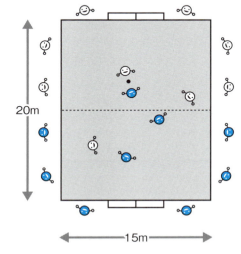

20m　15m

- 3対3。
- 周りの子ども達は壁役。

📢 教師の声かけ

- ○○さん、よいキックだね。
- よくねらっているね。
- よく守っているぞ。
- よいところに動いたね。

補足 《ナンバーコールゲーム》：できない子へのサポート（配球、人数）

ナンバーコールゲームでは、教師が指示するナンバー（人数）とボールの投げ入れ方によって、なかなかボールに触れない、うまくできない子へのサポートができる。ともすると、「苦手な子は得意な子ども達と同じチームにすれば助けになる」と考えがちである。しかし、苦手な子ほど、少人数にして集団に埋もれないように、ボールに関わることができるようにしていく。もし、得意な子と苦手な子の対戦になったときは、最初は苦手な子の方に転がす。最初のルール説明で、「先生はどこに投げ入れるか、わかりませんよ」と話しておけば、子ども達は素直に受け入れる。

低学年　ボールけりゲーム　49

45分の展開例

第5時 ボールけりゲーム
どんどんドリブルしよう

ウォーミングアップ 　動きづくり

●どんじゃん：曲線コース
- 曲線路で行う。
- 左右どちらのカーブも経験させたい。
- ボール1人1個。ドリブルで行う。
- 1人ずつライン上を走り、相手と出会ったらじゃんけんをする。
- 勝った人は前に進む。
- 負けた人は自チームの列に並ぶ。
- 相手側のコーンにタッチできたら得点。

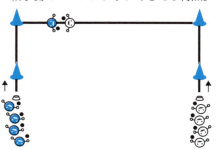

POINT
- コースから外れたらアウトとなり、次の人がスタートする。コースから外れないでドリブルストップができる最大のスピードを目指す。

🔊 教師の声かけ
- ○○チームは交代が速いね。
- ○○さんは、カーブが上手だね。

活動1 　ドリブル

●川渡りドリブル

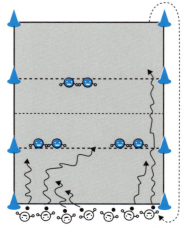

ボール1人1個

- ボール1人1個。
- ボールをけり出されないように、ドリブルで2本の川を渡る。
- 時間内に何回チャレンジしてもよい。
- 守りの子ども達の手をつなぐ人数を減らし、組数を増やしてもよい。

POINT
- ボールに意識が集中しすぎると攻守ともにぶつかり合うことが予測されるので、よく見ることを喚起する。

ドリブルが終わった子は、「コートの外」から戻るよう指示。その際、友達の動きをよく見ながら戻るよう働きかける。

活動2 ナンバーコールゲーム

● ナンバーコールゲーム

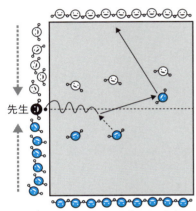

- 先生がナンバー（人数）をコールしながら、ボールをコートにゴロで投げ入れる。
- 言われた人数が内側から入りプレーする。
- 手つなぎゴールマンをゴールキーパーにして、パスではなくシュートにしてもよい。シュートの場合はゴロのみ。ボールをソフトなもの、当たっても痛くないものにする。

POINT
- 相手の守りが来ても、ゴールの空いているところを見つけさせる。
- 積極的にシュートにチャレンジするようにさせる。
- ゴールマンは声をかけ合って協力するようにさせる。

教師の声かけ
- どんどんシュートをねらおう。

ゲーム 3対3 大きめのゴール

● 3対3

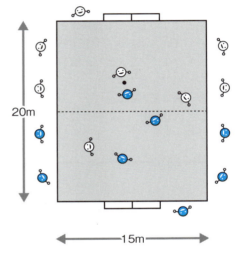

- 3対3。
- 周りの子ども達は壁役。

POINT
- チームでの作戦タイムをとるとしても、短い時間で行う。「仲間を応援する」や「一生懸命ボールを追いかける」など全員ができそうなことにとどめておく。
- 「関わり」は自然とゲームの中で出るので、必ずしも作戦タイムをとる必要はない。
- まとめでは、考えを友達に伝えさせたい。

教師の声かけ
- 味方にとてもよい声かけをしているね。

低学年 ボールけりゲーム 51

45分の展開例

第6時 ボールけりゲーム

どんどんドリブルしよう

ウォーミングアップ
動きづくり

● どんじゃん：曲線コース

- 曲線路で行う。
- 左右どちらのカーブも経験させたい。
- ボール1人1個。ドリブルで行う。
- 1人ずつライン上を走り、相手と出会ったらじゃんけんをする。
- 勝った人は前に進む。
- 負けた人は自チームの列に並ぶ。
- 相手側のコーンにタッチできたら得点。

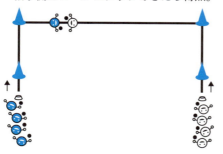

POINT
- ボールに集中するあまり、ぶつかることも予想されるので、見ることを喚起する。

ボールをよくコントロールし、大きくふくらまずに「キュッ」と角度をつけて曲がることを目指す。

活動1
ドリブル

● 川渡りドリブル

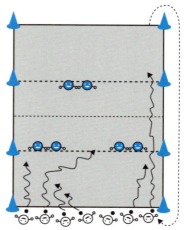

ボール1人1個

- ボール1人1個。
- ボールをけり出されないように、ドリブルで2本の川を渡る。
- 時間内に何回チャレンジしてもよい。
- 守りの子ども達の手をつなぐ人数を減らし、組数を増やしてもよい。

教師の声かけ
- ○○チームは仲間と助け合っているね（アドバイスや通り抜けるための知恵）。

攻守とともに、仲間と協力し合うことを目指す。

※6時以降も時数が確保できる場合は、ウォーミングアップ後、ゲーム大会をする。

活動2 ナンバーコールゲーム	ゲーム 3対3 大きめのゴール

●ナンバーコールゲーム

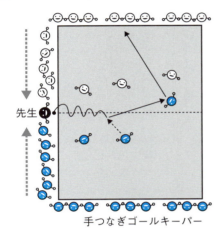

手つなぎゴールキーパー

- 先生がナンバー（人数）をコールしながら、ボールをコートにゴロで投げ入れる。
- 言われた人数が内側から入りプレーする。
- 手つなぎゴールマンをゴールキーパーにして、パスではなくシュートにしてもよい。シュートの場合はゴロのみ。ボールをソフトなもの、当たっても痛くないものにする。

🔊 教師の声かけ

- ○○さん、よく見てシュートできたね。
- ○○さん、ボールを取れたら逆に攻めるよ。
- 粘り強い守りだね。

●3対3

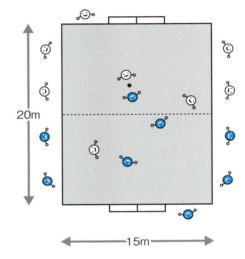

- 3対3。
- 周りの子ども達は壁役。

POINT

- 団子状態から離れてボールを受けようとしたり、ボールとゴールの間に立って守ろうと動いている子を見つけ、認め・広めたい。

団子状態になっている場合には、ボールを受けようとしている子を見つけ、認める。

低学年 ボールけりゲーム 53

[単元における活動の全体構成] ボールけりゲーム

ボールを運ぼう

> **ウォーミングアップ**
> 動きづくり、仲間づくり

●だるまさんがころんだ

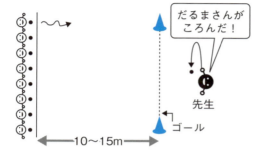

- ボール1人1個。
- 先生がボールを投げ上げ、キャッチするまでの間、動くことができる。
- 止まれなかったらスタートに戻り、何回でもチャレンジする。
- ゴールに何回着けたかを競争する。

●仲よしドリブル

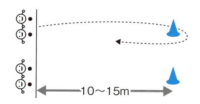

- 2人1組でボールをはさんでコーンを回る（胸、おなか、背中、頭など）。
- 2人1組で手をつないでボールをドリブルしてコーンを回る（ボール1個→2個）。
  ➡ 人数を増やす（1チーム8人くらいまで）。
  ➡ ボールを人数+1個以上にする。

🌀 **活動の意図**
ボールに慣れる。仲間づくり。

✅ **評価**
2人で協力して解決しようと考え、素早く動いている。
見て反応している。
何度もチャレンジしている。ボールを運び、止めている。

> **活動1**
> ドッジボール

●ころがしドッジボール

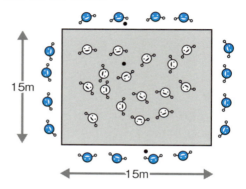

- コート内の人に向けてボールを転がすドッジボール（手で投げて）。
- ボールの数は少ないと楽しさが減り、多すぎると安全面に課題が残る。
- 当てられたら「やられた〜」「しびれた〜」とジェスチャーをして復活。

●大いそがしドッジ

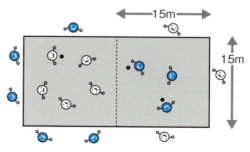

- ボールの数（3〜6個）。
- ボールはソフトバレーボールなど。
- 手で投げる→足でキックする。

🌀 **活動の意図**
様々な動き。
積極的に動いている。
ボールに慣れる。

✅ **評価**
ねらったところにボールを投げている、けっている。
ルールを守り友達と仲良く活動している。

低学年は特に神経系の成長が著しい年代なので、先生の積極的な働きかけが大切です。ここでは、「見て」「反応して」「様々なステップやジャンプ」など、様々な動きが自然な形で発生するような工夫をしています。

活動2　コーン倒しゲーム

● コーン倒し

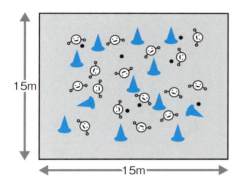

- コーンを倒す（コーンは多い方が楽しさが増す。人数分以上）。
- 時間内にコーンを全部倒す。
- 手で倒す。
  ➡ ボールを投げて当てて倒す。
  ➡ ボールをキックして当てて倒す。

● コーン倒し対戦型

- コーンを倒すチームと、起こすチームで対戦する。

活動の意図
たくさん動く。
動きの中でねらってキックする。

評価
周りを見ながら、どんどん（意欲的に）倒し（起こし）ている。
ねらって強いボールを投げたりキックしたりしている。
素早く動いている。

ゲーム　3対3　大きめのゴール

● 3対3

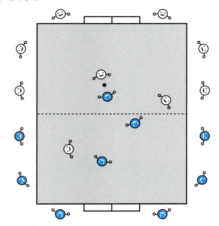

- 3対3。
- 周りの子ども達は壁役。

POINT
- ネットのついたゴールを使うことができると、ゴールしてネットを揺らす快感を味わうことができる。

活動の意図
やったことをゲームで発揮！
・ゴールをねらう。思いきりキック。

評価
ゴールをねらっている。
思いきりキックしている。
準備・片付けを友達と一緒にする。
勝敗を受け入れる。
考えを動作や言葉で伝えている。

低学年　ボールけりゲーム　55

45分の展開例

第1時 ボールけりゲーム
ボールを運ぼう

ウォーミングアップ
動きづくり、仲間づくり

● だるまさんがころんだ

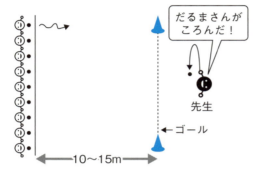

- ボール1人1個。
- 先生がボールを投げ上げ、キャッチするまでの間、動くことができる（ボールなし→足でドリブル）。
- 止まれなかったらスタートに戻り、何回でもチャレンジする。
- ゴールに何回着けたかを競争する。

ADVICE
- ルールを理解していない子には…
➡ ボールなしで行う。

POINT
- 慣れてきたら先生がボールを1回でキャッチせずにバウンドさせるなどして楽しさをアップさせるとともに、子ども達の注意力、反応力を高める。

活動1
ドッジボール

● ころがしドッジボール

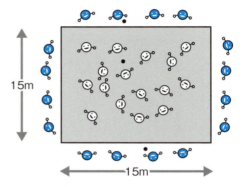

- コート内の人に向けてボールを転がすドッジボール（手で投げて）。
- ボールの数は少ないと楽しさが減り、多すぎると安全面に課題が残る。
- 当てられたら「やられた～」「しびれた～」とジェスチャーをして復活。
- ボールは2～3個程度。

ADVICE
- 2～3個のボールを扱うのが難しいときは…
➡ 1個からはじめ、ルールを覚えさせる。

POINT
- 当たったときに痛みがないようにソフトなボールを使う。
- ボールを踏みつけて転倒することのないよう、十分に注意する。
- 周りをよく見てぶつからないように、注意を喚起する。

活動2 コーン倒しゲーム

●コーン倒し

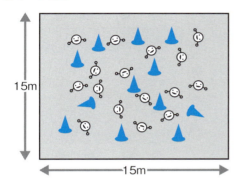

- コーンを手で倒す（コーンは多い方が楽しさが増す）。
- 時間内にコーンを全部倒す。
- 先生は、中に入って倒れたコーンを起こしていく。

POINT
- チームごとの競争や時間、目標を設定すると楽しさが増す。

ゲーム 3対3 大きめのゴール

●3対3

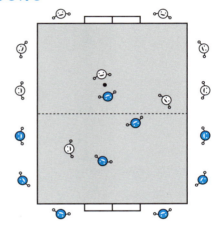

- 3対3。
- 周りの子ども達は壁役。

POINT
- 壁役の子ども達は、ゴロで素早く返すように確認する（手で、足で、体で）。パスではない。
- ボールは、痛みや恐怖感を軽減するためにソフトなボール、あるいは技術の不足を補うために空気を抜いたものを使う。新聞ボールも導入には有効。
- ルール理解のために、1コートから始め、2コートへ増やしたい。
- 挨拶や握手などのマナーの指導をする。

補足 ボールを浮かしてしまうと、それをコントロールすることにストレスと時間がかかる。また、はずみで強いボールがけれてしまうこともあり安全面・恐怖感を考慮すると、避けた方がよい。したがって、ボールが基本的にゴロになるように、周りから入れるときもゴロにすることを推奨する。ボールも新聞ボール、空気を抜くなどして、はずみにくくして使う方が導入には適している。

低学年 ボールけりゲーム 57

45分の展開例

第2時 ボールけりゲーム
ボールを運ぼう

ウォーミングアップ
動きづくり、仲間づくり

●だるまさんがころんだ

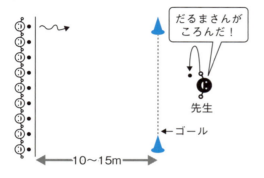

- ボール1人1個。
- 先生がボールを投げ上げ、キャッチするまでの間、動くことができる(足でドリブル)。
- 止まれなかったらスタートに戻り、何回でもチャレンジする。
- ゴールに何回着けたかを競争する。

POINT
- ボールの止め方を、足のうら、おしり、おなかなど指定することもできる。

ADVICE
- 見て止まるのが難しいときは…
➡声のコールで始めてもよい。

📢 **教師の声かけ**
- ○○さんは何度もチャレンジしていたよ。

活動1
ドッジボール

●ころがしドッジボール

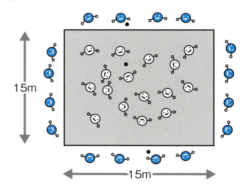

- コート内の人に向けてボールを転がすドッジボール(手で投げて)。
- ボールの数は少ないと楽しさが減り、多すぎると安全面に課題が残る。
- 当てられたら「やられた〜」「しびれた〜」とジェスチャーをして復活。

POINT
- 外野同士の協力の仕方に気づかせる。

📢 **教師の声かけ**
- よく見ていたね。
- すぐにチャレンジしよう。

活動2 コーン倒しゲーム

● コーン倒し

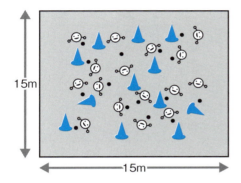

- コーンを倒す（コーンは多い方が楽しさが増す）。
- 時間内にコーンを全部倒す。
- ボール1人1個。ボールを投げて、コーンに当てて倒す。
- 先生は、中に入って倒れたコーンを起こしていく。

POINT
- 投げたボールは自分で拾う。
- コーンの間はあけておく。

ADVICE
- 苦手な子には…
➡ 両手で投げたり、コーンに近づいて投げるようにさせる。

📢 教師の声かけ
- たくさん倒そう。
- どこをねらったらよいかな？

ゲーム 3対3 大きめのゴール

● 3対3

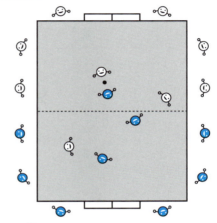

- 3対3。
- 周りの子ども達は壁役。

POINT
- 得点したときにはハイタッチやポーズなど喜びを表現させると盛り上がりが増す。
- 壁役の役割をしっかりと押さえる。

ADVICE
- どうしたらよいかわからず、立ち止まってしまう子には…
➡ 「まずボールをけってみよう」と積極的にチャレンジさせる。

低学年　ボールけりゲーム　59

45分の展開例

第3時 ボールけりゲーム
ボールを運ぼう

ウォーミングアップ
動きづくり、仲間づくり

●だるまさんがころんだ

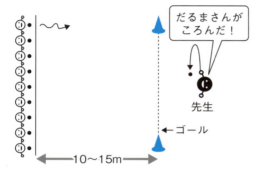

- ボール1人1個。
- 先生がボールを投げ上げ、キャッチするまでの間、動くことができる（<u>足でドリブル</u>）。
- 止まれなかったらスタートに戻り、何回でもチャレンジする。
- ゴールに何回着けたかを競争する。

POINT
- 得意な足だけでプレーする子には…
  ➡ 逆足でチャレンジさせるようにする。

📢 **教師の声かけ**

- 「○○さんは何回もゴールできたね。どうしてできたのかな？」と問いかけ、見ることの大切さを発見させ、広める。

活動1
ドッジボール

●ころがしドッジボール

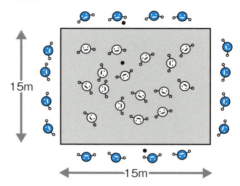

- コート内の人に向けてボールを転がすドッジボール（手で投げて）。
- ボールの数は少ないと楽しさが減り、多すぎると安全面に課題が残る。
- 当てられたら「やられた～」「しびれた～」とジェスチャーをして復活。

📢 **教師の声かけ**

- よくねらって投げているね。
- 周りをよく見て逃げているぞ。

転がす際、手と反対の足をしっかり踏み込む。この踏み込みは、キックの立ち足の導入にもなる。

活動2 コーン倒しゲーム

● コーン倒し

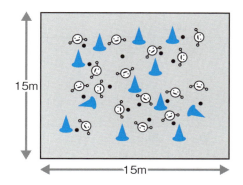

- コーンを倒す（コーンは多い方が楽しさが増す）。
- 時間内にコーンを全部倒す。
- ボール1人1個。ボールをけって、コーンに当てて倒す。
- 先生は、中に入って倒れたコーンを起こしていく。

POINT
- 得意な足だけでプレーする子には…
  ➡ 逆足にチャレンジさせるようにする（両足）。

ADVICE
- コーンを倒すために、自然に強いボールをキックするように仕向ける。
- キックの方法等にこだわらず、強くキックする方法を見つけさせる。

ゲーム 3対3 大きめのゴール

● 3対3

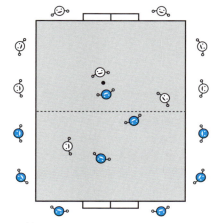

- 3対3。
- 周りの子ども達は壁役。

補足 得点者から交代（スランティラインの考え方の1つ）

ゲームでは全員がプレーできることが理想であるが、実際の体育授業ではとても困難である。そこで、交代しながらプレーさせることになる。交代の方法は、時間での交代、勝った（負けた）チームが残るなどがあるが、得点を入れた子どもが交代するという方法もある。得点をする子ども達は、どちらかと言えば得意な子ども達であることが多いため、その子達がコートを一時的に出ることで、苦手な子ども達がボールにふれる、プレーする機会が増すと考えられる。

低学年　ボールけりゲーム　61

45分の展開例

第4時 ボールけりゲーム
ボールを運ぼう

ウォーミングアップ
動きづくり、仲間づくり

● 仲よしドリブル

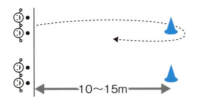

- 2人1組でボールをはさんでコーンを回る（胸、おなか、背中、頭など）。
- 2人1組で両手をつないでボールをドリブルしてコーンを回る（ボール1個→2個）。

POINT
- 2人で課題を解決するため、工夫することにねらいがある。知恵やアイデアを認め、広めたい。

ADVICE
- うまくいかないグループ子には…
  ➡ ゆっくり、ていねいに動くことに気づかせる。

2人で工夫し、やりやすい方法を見つけることが大切。

活動1
ドッジボール

● 大いそがしドッジ

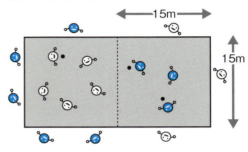

- ボールの数（3個程度）。
- ボールはソフトバレーボールなど（当たっても痛くないもの）。
- その他はドッジボールのルール。
- 手でボールを投げる。

POINT
- はじめてやるときは、ボール1個から始めて徐々に増やしていく。

ADVICE
- ソフトバレーボールなどが用意できない場合には…
  ➡ ゴロだけでプレーすることもできる。

ソフトバレーボールなど、柔らかいボールを使うと、子ども達の動きは変わってくる。

活動2
コーン倒しゲーム

●コーン倒し対戦型

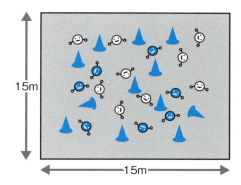

- 攻撃チームは、コーンを倒す（コーンは多い方が楽しさが増す）。
- 相手チームは、倒れたコーンを起こす。
- 攻撃チームは、時間内にコーンを全部倒すことを目指す。
- 手で倒す。

POINT
- 倒すのも起こすのも同じコーンではなく、次に移動して行う。
- どんどん積極的に動かしたい。

同じコーンに留まらず、どんどん次のコーンを倒していくようにする。

ゲーム
3対3　大きめのゴール

●3対3

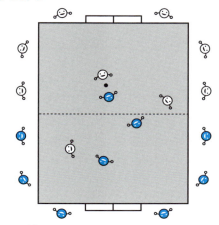

- 3対3。
- 周りの子ども達は壁役。

🔊 **教師の声かけ**
- ○○さん、よいキックだね。
- よくねらっているね。
- よく守っているぞ。
- よいところに動いたね。

低学年　ボールけりゲーム　63

45分の展開例

 第5時　ボールけりゲーム
ボールを運ぼう

ウォーミングアップ
動きづくり、仲間づくり

●仲よしドリブル

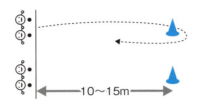

- 2人1組で手をつないでボールをドリブルしてコーンを回る（ボール2個）。
- 2人1組で両手をつないでボールをドリブルしてコーンを回る。
- 人数を増やす（1チーム8人くらいまで）。

POINT
- チームごとにリレー形式で競争すると楽しさが増す。

🔊 **教師の声かけ**
- 2人で力を合わせてできているね！
- 助ける声が聞こえるよ！

2人で協力しないと、うまく回ることができない。

活動1
ドッジボール

●大いそがしドッジ

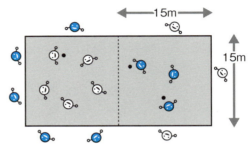

- ボールの数（3個程度）。
- ボールはソフトバレーボールなど（当たっても痛くないもの）。
- その他はドッジボールのルール。
- 手→足へ。
- 足でける場合はゴロのみ。1回でしっかりキャッチできればセーフ。

POINT
- 数多くキックできるよう、ボールの数を調整する。

🔊 **教師の声かけ**
- ねらってキックしているね！
- よく見て、逃げているよ。

活動2
コーン倒しゲーム

●コーン倒し対戦型

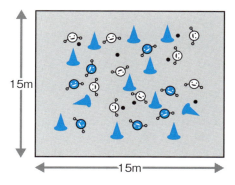

- 攻撃側は、ボール1人1個。
- ボールを投げ当て、コーンを倒す（コーンは多い方が楽しさが増す）。
- 時間内にコーンを全部倒す。
- 相手チームは、倒れたコーンを起こす。

POINT
- 安全のため、ボールはソフトバレーボールなどを使う。

📢 **教師の声かけ**
- たくさんのコーンを倒そう（起こそう）！
- ボールを強く当てるとコーンが倒れるね。

ゲーム
3対3 大きめのゴール

●3対3

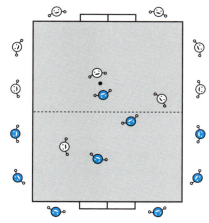

- 3対3。
- 周りの子ども達は壁役。

POINT
- チームでの作戦タイムをとるとしても、短い時間で行う。「仲間を応援する」や「一生懸命ボールを追いかける」など全員ができそうなことにとどめておく。
- 「関わり」は自然とゲームの中で出るので、必ずしも作戦タイムとる必要はない。

低学年　ボールけりゲーム

45分の展開例

第6時 ボールけりゲーム
ボールを運ぼう

ウォーミングアップ
動きづくり、仲間づくり

●仲よしドリブル

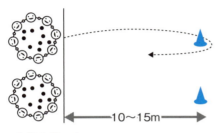

- 人数を増やす。
- ボールを人数＋1個以上にする。
- ボールがそれても、手をつないだまま取りにいく。

POINT
- はじめは片道から行う。
- 競争すると盛り上がり楽しさが増す。
- どうしたらうまく運べるか、簡単な作戦を立てることもできる。

楽しい競争の中で、グループ内での協力や工夫が生まれる。

活動1
ドッジボール

●大いそがしドッジ

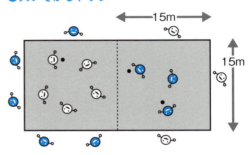

- ボールの数（3個程度）。
- ボールはソフトバレーボールなど（当たっても痛くないもの）。
- その他はドッジボールのルール。
- 足でキック。
- 足でける場合はゴロのみ。1回でしっかりキャッチできればセーフ。

POINT
- 得意な子には逆足でチャレンジさせる。

よけるか、1回でキャッチできればセーフとなる。ゴロのボールなので、腰を落として正面に入ってしっかりキャッチする。ゴールキーパーのキャッチの導入にもなる。

※6時以降も時数が確保できる場合は、ウォーミングアップ後、ゲーム大会をする。

活動2 コーン倒しゲーム

● コーン倒し対戦型

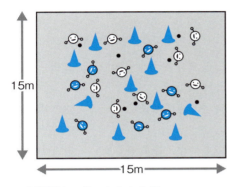

15m × 15m

・攻撃側は、ボール1人1個。
・ボールを投げ当て、コーンを倒す（コーンは多い方が楽しさが増す）。
・時間内にコーンを全部倒す。
・相手が守っていないコーンを探して倒す。

POINT
・顔などにボールが当たらないように、安全面に注意する。

ADVICE
・難しいときには…
➡ コーンの代わりに段ボールを積むなどして、的を大きく倒れやすくするなどの工夫もある。

🔊 教師の声かけ
・素早く動いていたね。
・どんどん倒しにいこう。

ゲーム 3対3 大きめのゴール

● 3対3

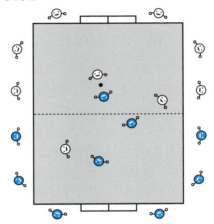

・3対3。
・周りの子ども達は壁役。

POINT
・団子状態から離れてボールを受けようとしたり、ボールとゴールの間に立って守ろうと動いている子を見つけ認め、広めたい。

補足 《ボールに集まる子ども達》
　子ども達のゲームでは、みんな自分がボールにさわりたいため、味方も相手もボールに集中し、団子状態になりがちになる。それ自体はとても自然な状態と言える。そんな中でも、そこから離れてボールを受けようとしているような子どもの判断を見つけて認めていきたい。また、本書のゲームでは、団子状態になりすぎないよう、より少人数でのゲームに設定している。

低学年 ボールけりゲーム　67

中学年　ゲーム［ゴール型ゲーム］
ミニサッカー

 目標

1　目標
（1）各種の運動の楽しさや喜びに触れ、その行い方及び健康で安全な生活や体の発育・発達について理解するとともに、基本的な動きや技能を身に付けるようにする。
（2）自己の運動や身近な生活における健康の課題を見付け、その解決のための方法や活動を工夫するとともに、考えたことを他者に伝える力を養う。
（3）各種の運動に進んで取り組み、きまりを守り誰とでも仲よく運動をしたり、友達の考えを認めたり、場や用具の安全に留意したりし、最後まで努力して運動をする態度を養う。また、健康の大切さに気付き、自己の健康の保持増進に進んで取り組む態度を養う。

2　内容
（1）ゴール型ゲームでは、基本的なボール操作とボールを持たないときの動きによって、やさしいゲームをすること。
（2）規則を工夫したり、ゲームの型に応じた簡単な作戦を選んだりするとともに、考えたことを友達に伝えること。
（3）運動に進んで取り組み、規則を守り誰とでも仲良く運動をしたり、勝敗を受け入れたり、友達の考えを認めたり、場や用具の安全に気を付けたりすること。

3　中学年の考え方
（1）2人での課題解決を大切にする。
（2）子ども達なりの知恵に働きかける。

単元における活動内容　　　　※6時以降も時数が確保できる場合は、ウォーミングアップ後、ゲーム大会をする。

単元名	ウォーミングアップ	活動1	活動2	ゲーム
01 パスをしよう	コーン取りおに こおりおに	ボールコントロール	ゲートを通せ！	3対3
02 シュートをしよう	ボール集めゲーム	ストップボール	シュートゲーム	
03 みんなで運ぼう	ステップ ボールレスリング	ねことねずみ ボールキープ	ラインゴールゲーム ゾーンゴールゲーム	

中学年における言語活動の考え方

グループで活動する課題では、仲間とコミュニケーションを取りながらプレーすることがよりよい成果をあげることにつながります。そのことに気づかせることによって、自然にお互いが声をかけ合うように導いていきましょう。

評　価

【単元のねらい】

3 年生

知識及び技能：思ったところにボールをけったり止めたりすることができる。

思考力、判断力、表現力等：周りの状況を見て判断しようとしている。

パスをもらえるところに動くことができる。

学びに向かう力、人間性等：積極的に追いかけたり逃げたりしている。

協力しながら何度もチャレンジしている。

4 年生

知識及び技能：ゴールを意識して、シュートをねらってけることができる。

自分の力に合わせて素早く動くことができる。

思考力、判断力、表現力等：周りの状況を見て判断しようとしている。

ゴールを意識して、攻めたり守ったりしようとしている。

学びに向かう力、人間性等：テンポよく何度もチャレンジしている。

仲間と声をかけ合っている。

評価の観点

	知識・技能	思考・判断・表現	主体的に学習に取り組む態度
01	・いろいろなステップや方向転換など、様々な動きができる ・ねらってパスをしたり、動いてパスを受けたりすることができる	・距離や幅などうまくいくように工夫している ・ゲームに関わろうとしている	・テンポよく、協力しながら何回もチャレンジしている ・2 人で協力してプレーしようとしている
02	・ボールのコースに動こうとしている ・味方に向かってパスしている ・たくさんシュートをしている ・ねらってシュートをしている	・周りの状況を見て判断している ・シュートしやすいところでボールを受けようとしている ・ゴールを意識して、攻めたり守ったりしようとしている	・仲間と声をかけ合っている ・仲間と協力してプレーしようとしている ・テンポよく何度もチャレンジしている
03	・空いた場所を見つけて、ボールを運ぶことができる	・ゴールをねらうために空いた場所をいかそうとしている ・シュートを防ぐために、ボールとゴールの間に入ろうとしている	・仲間と協力してゴールを奪おうとしている ・ルールを守って活動している

※評価の観点は平成 31 年 1 月 21 日の中央教育審議会の報告に示されたものに基づいている

[単元における活動の全体構成] ミニサッカー

パスをしよう

ウォーミングアップ
協力おにごっこ

●コーン取りおに（おどきになって）

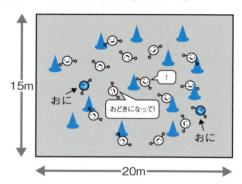

・コート内でのおにごっこ。
・コーンにタッチしていればつかまらない。
・おには2〜3人。
・コーンにタッチしている子は、コール「おどきになって！」でコーンをあけわたす。

●こおりおに

・上記のコート内で行う。
・おには2〜3人。
・氷をとかすための動きを工夫する。
　➡タッチ
　➡またくぐり
　➡2人で手をつなぎ輪を通す
　➡足の間をボール通し
・対戦型もできる

🔵 活動の意図
状況を見て協力する。
仲間を助ける・協力する知恵を引き出す。
様々な動きを経験する。

✅ 評価
大きな声を出して逃げている。
積極的に追いかけている。
いろいろなステップ、方向転換で走っている。
周りを見ながら逃げる方向を選んでいる。
準備・片付けを友達と一緒にする。

活動1
ボールコントロール

●ボールコントロール

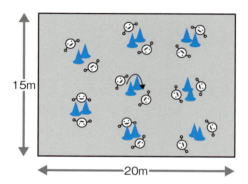

やさしい

・2人1組ボール1個。
・1人がコーンを越える山なりのボールを投げ、もう1人がコントロールする。
　➡キャッチボール
　➡ももで受けてキャッチ
　➡ももで受けて足で止める
　　3〜5m
　➡足で止める
　➡足でコントロールして反対側に移動
・コーンを開く（コーンの幅と2人の距離は自分達で決める）
　➡キックでパス
　➡互いに3本パスをかわしたら、他のコーンへ移動
　➡1本パスしたら他のコーンへ移動

難しい

🔵 活動の意図
2人で協力しながら、解決に何度もチャレンジする。
2人の距離・コーンの幅を自分達で調整する。

✅ 評価
ミスしても工夫しながら何度もチャレンジしている。
2人で協力してプレーしようとしている。
投げる方も相手がとりやすいボールを投げている。
ボールの正面に体を動かしてコントロールしている。
距離や幅などがうまくいくように工夫している。

1単位時間の中で、場の設定を何回も変えることは、担任1人で体育を行う場合、時間もかかり避けたいものです。この単元では、基本の設定から、わずかな用具などの変化で次々と活動も変化できるように設定しています。

活動2　多数ゴールゲーム

● ゲートを通せ！

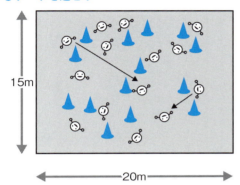

- 2人1組ボール1個。
- スタートとゴール（ライン、コーナー等）を設定して、パスでゲートを通過して戻ってくる。
- 違うゲートを5個通過して戻ってくる。
- ゲート数は多い方が楽しさが増す。
- 2個のゲートを1回で通すのも有りとする。
- 競争（速さ）すると楽しさと正確性が増す。
- 作戦タイムを活用する。
- コーンの色を変えると条件づけの変化ができる（4色すべて通過等）。

活動の意図
2人で協力しながら工夫、解決する。
「パスしたら動く」を経験する。
見通しを持って、予測しながら計画する。
動きながらボールをコントロール、パスする。
技術の正確性の大切さに気づく。

評価
ねらったところにパスしている。
動きながらボールをコントロールしている。
2人で協力し、どうしたら早くクリアできるか考えている。
どのようにしたら課題を解決できるか考えている。

ゲーム　3対3

● 3対3

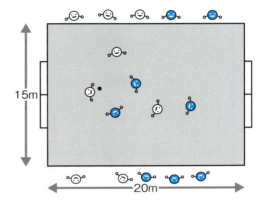

- 3対3。
- 周りの子ども達は壁役。

活動の意図
練習をしたことを、ゲームでたくさん発揮してみよう！
- 出し手と受け手の協力でボールをつないで運びながらゲームをする。
- 次の展開を予測して動く。
- 協力して解決する。

評価
ゲームに関わろうとしている。
ボールをけろうとしている→ねらったところにパス、シュートしている。
ボールを受けようとしている。
アドバイスをしている。
友達の考えを認めている。
勝敗を受け入れている。

45分の展開例

第1時 ミニサッカー
パスをしよう

ウォーミングアップ
協力おにごっこ

● コーン取りおに（おどきになって）

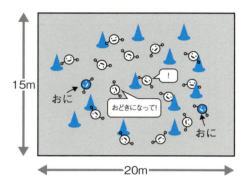

- コート内でのおにごっこ。
- コーンにタッチしていればつかまらない。
- おには 1人→2〜3人。
- コーンにタッチしている子は、コール「おどきになって！」でコーンをあけわたす。

POINT
- ルールを理解させるために、まずはおにを1人で始める。
- コーンの数は、逃げる子どもの人数より少なくしておく。

🔊 **教師の声かけ**
- たくさん動こうね。

活動1への準備として、コーンはあらかじめ2本重ねておくとよい。

活動1
ボールコントロール

● ボールコントロール

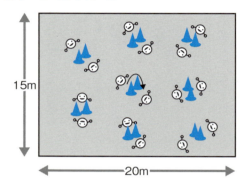

- 2人1組ボール1個。
- 1人がコーンを越えるボールを投げ、もう1人がコントロールする。
  - ➡ キャッチボール
  - ➡ ももで受けてキャッチ　3〜5m
    （難しかったら手でキャッチしてから、ももではずませる）
- コーンを開く（幅と2人の距離は自分達で決める）
  - ➡ 相手にキックでパス

ADVICE
《2人で距離を調整させることがポイント》
- 難しかったら…
- ➡ 近づけたり、コーン幅を広くしたりする。
- うまくできたら…
- ➡ 距離を離したり、コーンの幅を狭くしたりする。

POINT
- ボールを投げる人は、両手で相手がプレーしやすい場所にボールを投げる。

72

活動 2 多数ゴールゲーム	ゲーム 3対3

●ゲートを通せ！

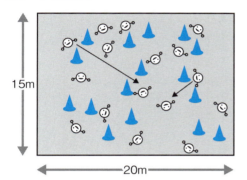

- 2人1組ボール1個。
- スタートとゴール（ライン、コーナー等）を設定して、パスでゲートを通過して戻ってくる。
- 違うゲートを5個通過して戻ってくる。
- ゲート数は多い方が楽しさが増す。
- 2個のゲートを1回で通すのも可とする。
- 競争（速さ）すると、楽しさが増すとともに正確性が要求される。
- 作戦タイムを活用する。

POINT
- 初めてのときはルール理解のため、ボールを手に持って移動してよい。
- 安全性に配慮（周りを見て！）。
- 通過ゲートの数を「2→5」へと徐々に増やしていく。

ADVICE
- パスが不正確になるときは…
➡正確にできる距離で、ていねいにやることで結果的に速くなる。
➡競争にすることで、慌てて雑になるなどの場合は、競争をやめる。

●3対3

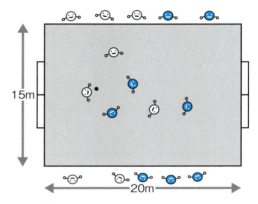

- 3対3。
- 周りの子ども達は壁役。
- 壁役は外に出たボールをゴロで返す（パスはしない）。

POINT
- 挨拶や握手などのマナーを知らせる。

ADVICE
積極的に参加できない子がいたら…
➡まずはボールに向かって動くこと、ふれることをめあてにする。

🔊 教師の声かけ
- ボールに積極的に向かっているね。
- 積極的にシュートしているね。

中学年　ミニサッカー　73

45分の展開例

第2時 ミニサッカー
パスをしよう

ウォーミングアップ
協力おにごっこ

●コーン取りおに（おどきになって）

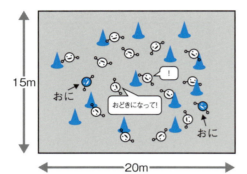

- コート内でのおにごっこ。
- コーンにタッチしていればつかまらない。
- おには2～3人。
- コーンにタッチしている子は、コール「おどきになって！」でコーンをあけわたす。

POINT
- 自然とおにを見ながら様々なステップで逃げる。

📢 教師の声かけ
- おにはどんどんつかまえよう！
※おにに働きかけることで、逃げる側への要求が高まる。

活動1
ボールコントロール

●ボールコントロール

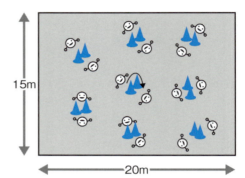

- 2人1組ボール1個
- 1人がコーンを越えるボールを投げ、もう1人がコントロールする
    - ➡ ももで受けてキャッチ
    - ➡ ももで受けて足で止める
- コーンを開く（幅と2人の距離は自分達で決める）。
    - ➡ 相手にキックでパス

ADVICE
- 止めるのが難しかったら…
➡ 手で止めてよい。ただし、手で止めた後に足の裏、足の内側で止めるようにさせる。

📢 教師の声かけ
- うまくいかなかったら近づいてよいから、相手がやりやすいボールを出そう。

活動2 多数ゴールゲーム

● ゲートを通せ！

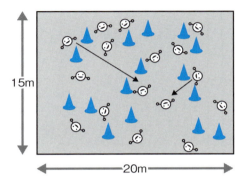

- 2人1組ボール1個。
- スタートとゴール（ライン、コーナー等）を設定して、パスでゲートを通過して戻ってくる。
- 違うゲートを5個通過して戻ってくる。
- ゲート数は多い方が楽しさが増す。
- 2個のゲートを1回で通すのも可とする。
- 競争（速さ）すると、楽しさが増すとともに正確性が要求される。
- 作戦タイムを活用する。

POINT
- 2個のゲートを1回で通すなどのアイデアを、ほめて広める。
- お互いの声かけで移動が速くなることに気づかせる。

📢 教師の声かけ
- ○○チームは速いね。どんな工夫をしたのかな？

ゲーム 3対3

● 3対3

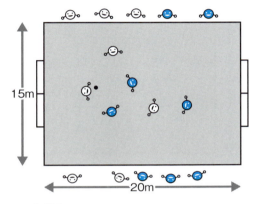

- 3対3。
- 周りの子ども達は壁役。

POINT
- 壁役の役割をしっかりと押さえる。アドバイス、応援等を認める、ほめる。

ADVICE
- パスがうまくできない子がいたら…
  ➡ まずはゴール方向にけることをめあてにする。

「まずゴール方向にけってみて」

📢 教師の声かけ
- ゴールをねらってけっているね。

中学年　ミニサッカー　75

45分の展開例

第3時 ミニサッカー
パスをしよう

ウォーミングアップ
協力おにごっこ

●コーン取りおに（おどきになって）

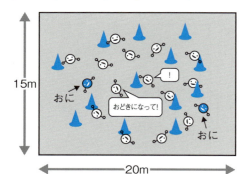

- コート内でのおにごっこ。
- コーンにタッチしていればつかまらない。
- おには2〜3人。
- コーンにタッチしている子は、コール「おどきになって！」でコーンをあけわたす。

POINT
- 状況を見て、予測することで逃げ方（方向、かわす等）を考えさせたい。

 教師の声かけ
- おには2人いるよ！

活動1
ボールコントロール

●ボールコントロール

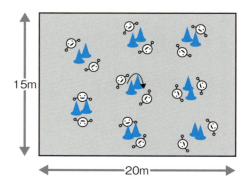

- 2人1組ボール1個。
- 1人がコーンを越えるボールを投げ、もう1人がコントロールする。
  - ➡ももで受けてキャッチ
  - ➡ももで受けて足で止める
  - ➡足で止める

ADVICE
- 足で止めるのが難しかったら…
➡体に当てて止めやすくしてからでよい。

- コーンを開く（幅と2人の距離は自分達で決める）。
➡相手にキックでパス

ADVICE
- 止めるのが難しかったら…
➡ボールの正面に動き、足で止めるようにさせる。

POINT
- け り方にこだわらず、相手のところに届くことを優先させる。
- 立ち足は、ボールの横で足先を相手に向けることを押さえる。

76

活動 2
多数ゴールゲーム

●ゲートを通せ！

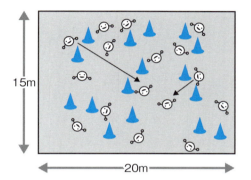

- 2人1組ボール1個。
- スタートとゴール（ライン、コーナー等）を設定して、パスでゲートを通過して戻ってくる。
- 違うゲートを5個通過して戻ってくる。
- ゲート数は多い方が楽しさ増が増す。
- 2個のゲートを1回で通すのも可とする。
- 競争（速さ）すると、楽しさが増すとともに正確性が要求される。
- 作戦タイムを活用する。

POINT
- スムーズに回ることができる動き方に気づかせる（パスの本数が少ない、パスが正確、次への予測、2人の意志の疎通）。

ゲーム
3対3

●3対3

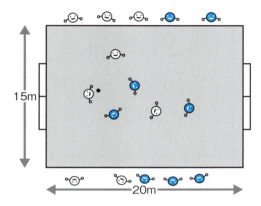

- 3対3。
- 周りの子ども達は壁役。

POINT
- 団子状態から離れ、相手ゴール前や広いところで待つ子を認め、全体に広げる。

📢 **教師の声かけ**
- よいところでねらって待っているね。
- 守る準備をしていたね。

中学年　ミニサッカー　77

45分の展開例

 第4時 ミニサッカー
パスをしよう

ウォーミングアップ
協力おにごっこ

● こおりおに

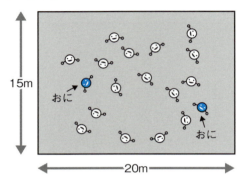

・上記のコート内でこおりおにを行う。
・おには 2〜3 人。
・氷をとかすための動きを工夫する。
　➡タッチ
　➡またくぐり
・氷を他の動物などに変える。
　➡犬、サル、カニで動く

 （犬）　 （サル）　 （カニ）

POINT
・おにが協力してタッチすることに気づかせる。
・様々な動きにトライさせたい。

教師の声かけ
・仲間を助けよう！

活動 1
ボールコントロール

● ボールコントロール

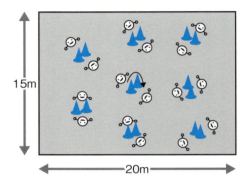

・2 人 1 組ボール 1 個。
・1 人がコーンを越えるボールを投げ、もう 1 人がコントロールする。
　➡ももで受けてキャッチ　　　｜
　➡ももで受けて足で止める　　｜選択
　➡足で止める　　　　　　　　｜
　➡足でコントロールして反対側に移動
・コーンを開く（幅と 2 人の距離は自分達で決める）。
　➡相手にキックでパス

POINT
・ぶつからないように移動する。
・ドリブルが難しかったら手で運ぶ。

教師の声かけ
・うまいコントロールだね（素早い移動につながっている）

78

活動2
多数ゴールゲーム

●ゲートを通せ！

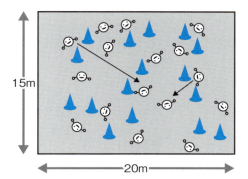

- 2人1組ボール1個。
- スタートとゴール（ライン、コーナー等）を設定して、パスでゲートを通過して戻ってくる。
- 違うゲートを5個通過して戻ってくる。
- 2個のゲートを1回で通すのも可とする。
- 競争（速さ）すると、楽しさが増すとともに正確性が要求される。
- 作戦タイムを活用する。
- コーンの色を変えると条件付けの変化ができる。
  ➡ 4色を通って
  ➡ スタートの色と最後の色を指定して

POINT
- コーンの色で条件づけをし、さらに見通しを持って動くことに気づかせる。

教師の声かけ
- ○○組はていねいにやっているね。

ゲーム
3対3

●3対3

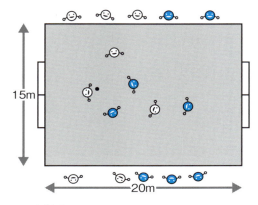

- 3対3。
- 周りの子ども達は壁役。

POINT
- 20mで短い場合はコートを伸ばす。

教師の声かけ
- ねらったところにパスできたね。
- ゴールキーパーは味方へパスしよう。

ADVICE
- 無人のゴールへのロングシュートの応酬になるようなら、待機チームからゴールキーパーを入れる方法もある。ゴールキーパーは、ゴール前で手を使ってシュートを防ぐ。

中学年　ミニサッカー　79

45分の展開例

第5時 ミニサッカー
パスをしよう

ウォーミングアップ
協力おにごっこ

● こおりおに

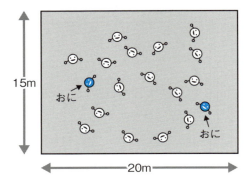

- 上記のコート内でこおりおに。
- おには 2〜3人。
- 氷をとかすための動きを工夫する。
  ➡ 2人で手をつなぎ輪を通す、など
- 対戦型もできる（下図参照）。全員をこおらせたチームが勝ち。

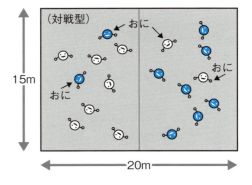

POINT
- おには協力して全員をこおらせることを目指す。

活動1
ボールコントロール

● ボールコントロール

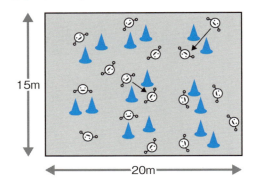

- 2人1組ボール1個。
- コーンを開く（幅と2人の距離は自分達で決める）。
  ➡ 相手にキックでパス
  ➡ 互いに3本パスをかわしたら、他のコーンへ移動する

POINT
- 子ども達が大きな声でパスの本数を数える。
- 他の組のいないところを見つけて移動させる。
- 競争を入れて盛り上げることも必要だが、正確にパスをすることを大切にする。

教師の声かけ
- 友達に「こっち！」と声かけしているチームがあったよ。

80

活動2
多数ゴールゲーム

●ゲートを通せ！

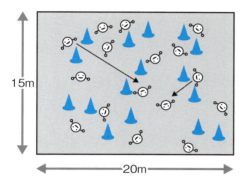

- 2人1組ボール1個。
- スタートとゴール（ライン、コーナー等）を設定して、パスでゲートを通過して戻ってくる。
- 違うゲートを5個通過して戻ってくる。
- 2個のゲートを1回で通すのも可とする。
- 競争（速さ）すると、楽しさが増すとともに正確性が要求される。
- 作戦タイムを活用する。
- コーンの色を変えると条件付けの変化ができる（4色すべて通過等）。

ADVICE
- 競争に勝つことができないチームには…
 ➡時間内で何本通したかを目標にしてもよい。
 ➡チームで何ゲート通ったかを合計する方法を提示する。

📢 教師の声かけ
- よく見て声かけできているね。
- どういうパスだと次に行きやすいかな。

ゲーム
3対3

●3対3

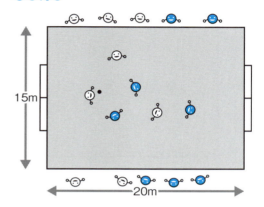

- 3対3。
- 周りの子ども達は壁役。

POINT
- 守備はボールに直接奪いに行くだけでなく、ゴールとボールの間に入ることについても気づかせる。

ADVICE
- 無人のゴールへのロングシュートの応酬になるようなら、待機チームからゴールキーパーを入れる方法もある。ゴールキーパーは、ゴール手前で手を使ってシュートを防ぐ。

📢 教師の声かけ
- ゴールに近い味方にパスをねらっているね。
- よい守備をしているね。

中学年 ミニサッカー

45分の展開例

第6時 ミニサッカー
パスをしよう

ウォーミングアップ
協力おにごっこ

● こおりおに

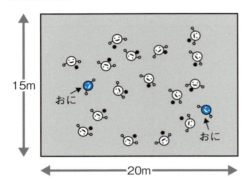

・上記のコート内でこおりおに。
・おには2～3人。
・おに以外はボール1人1個。
・氷をとかすための動きを工夫する。
　➡ボールを持ち、足の間にボールを通す
　➡手で通す→足で通す

ADVICE

・ボールを扱うと動きが制限されやすいので、動きが止まらない条件にする。

足の間にボールを通して氷をとかしていく。

活動1
ボールコントロール

● ボールコントロール

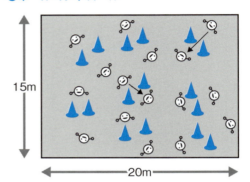

・2人1組ボール1個。
・コーンを開く（幅と距離は自分達で決める）。
　➡相手にキックでパス
　➡互いに3本パスをかわしたら、他のコーンへ移動する
　➡1本パスしたら次へ移動する

教師の声かけ

・長いパスをしている人がいたよ。
・3本目のパスでもう動き出していたね。

補足 《活動2へのつながり》

　ボールコントロールに慣れてくると、次の動きを意識しながらのボールコントロールや2人の間での声のかけ合いが出てくる。このことで、活動2へのつながりが出てくる。

※ 6時以降も時数が確保できる場合は、ウォーミングアップ後、ゲーム大会をする。

活動2　多数ゴールゲーム

●ゲートを通せ！

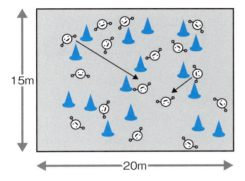

- 2人1組ボール1個。
- スタートとゴール（ライン、コーナー等）を設定して、パスでゲートを通過して戻ってくる。
- 違うゲートを5個通過して戻ってくる。
- 2個のゲートを1回で通すのも可とする。
- 競争（速さ）すると、楽しさが増すとともに正確性が要求される。
- 作戦タイムを活用する。
- コーンの色を変えると条件付けの変化ができる（4色すべて通過等）。

📢 教師の声かけ

- よく考えて回っていたね。
- 長いパスにチャレンジしているチームもあったよ。

ゲーム　3対3

●3対3

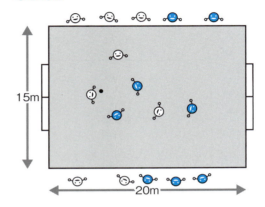

- 3対3。
- 周りの子ども達は壁役。

📢 教師の声かけ

- 相手から離れてボールを受けようとしていたね。

ADVICE
- 無人のゴールへのロングシュートの応酬になるようなら、待機チームからゴールキーパーを入れる方法もある。ゴールキーパーは、ゴール手前で手を使ってシュートを防ぐ。

中学年　ミニサッカー　83

[単元における活動の全体構成] ミニサッカー

シュートをしよう

ウォーミングアップ
ボールを使った動きづくり

●ボール集めゲーム

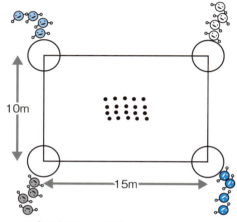

- 4人1組リレー形式。
- 1人が中央のボールを1個とって陣地に運ぶ。

- 手で運ぶ。多くとったチームが勝ち。
- ボール10個で行う。他のチームから取ってきてもよい。陣地に4個ボールがそろったら勝ち。
- 同ルールでドリブルで行う。

 活動の意図

グループで協力してボールを集める。
他のグループの状況に注意しつつ、自分のグループのボールを集める。
判断しながら素早く動いてボールを運ぶ。

 評 価

自分の力に合わせて、足を使ってボールを運んでいる。
他のグループを見て、仲間と声をかけ合っている。
ルールを守り誰とでも仲良く活動している。

活動1
ボールコントロール

●ストップボール
・ボール2人1個

- 2人組で、止める場所を指定
- 投げてゴロ・バウンド。
- キックでゴロ。
- ボールを背後から転がす。

※指定する場所
・右足、左足
・膝
・おしり
・おなか、など

 活動の意図

様々なボール扱いをたくさん経験する。
ボールに親しむ。
たくさんけったり止めたりする。
大きな声を出す。

 評 価

2人で協力して活動している。
ボールの正面に動こうとしている。
相手がとりやすいボールをパスしている。
テンポよく何度もチャレンジする。
大きな声で友達に伝えている。

中学年では、2人で解決していく課題を多くしています。コミュニケーションがとれるとより有利に展開されることから、自然と協力し声が出てくるようになってほしいというねらいです。また、サッカーの醍醐味である、シュートを決める快感をたくさん味わえる種目を設定しています。

活動2　シュートゲーム

● 多数ゴールシュート

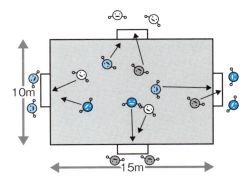

・時間内にできるだけたくさんシュートする。
・各グループから2人ずつコートに入り、交代する。
・待っている子はボール拾い・応援（指示）。
・ボールを拾ってくれた子からもらい、シュートを決める。
・同じゴールへの連続シュートはなし。
・ゴールはコーンでもOK。

《ボール多数》やさしい
・どんどんシュートする。
・ゴール数で競争する。

《ボール5〜6個》難しい
・味方に1回以上パスしてからシュートする。

● 活動の意図
みんながたくさんシュートをうつ。
ゴールを決める。ゴールの喜びを経験する。

● 評価
2人で協力してシュートをうっている（声かけ、パス）。
ねらってシュートを決めている。
空いているゴールを見つけている。
たくさんシュートしている。
ボールをたくさん拾って返している。
周りの状況を見て判断している。

ゲーム　3対3　大きめのゴール

● 3対3

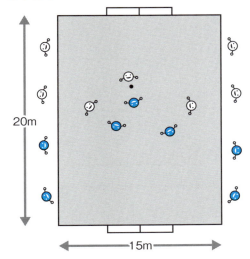

・3対3。
・周りの子ども達は壁役。

● 活動の意図
練習をしたことを、ゲームでたくさん発揮してみよう！
・ゴールをねらってたくさんシュートをうとう、決めよう！

● 評価
ボールをけろうとする→ねらったところにシュート、パスしている。
ゴールを意識して攻めたり守ったりしている。
シュートしやすいところでボールを受けようとしている。
ボールのコースに動こうとしている。
考えを、動作・言葉・目などを使って伝えている。

中学年　ミニサッカー　85

45分の展開例

第1時 ミニサッカー
シュートをしよう

ウォーミングアップ
ボールを使った動きづくり

●ボール集めゲーム

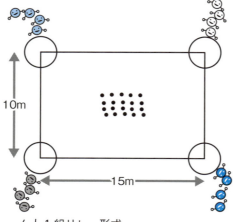

- 4人1組リレー形式。
- 1人が中央のボールを1個を取って陣地に運ぶ。

- 手で運ぶ。一定時間内で多くとったチームが勝ち。

POINT
- ボールの数は多い方がよい。
- 全員が1回以上行えるように時間を設定する。
- 子ども同士の頭がぶつからないよう安全に配慮する。

📢 **教師の声かけ**
- 応援、アドバイスができているチームがあるね。
- 素早い動きだね。

活動1
ボールコントロール

●ストップボール
- ボール2人1個。
- 2人組で、止める場所を指定する。
- ゴロを投げて。

※指定する場所
- 右足、左足
- 膝
- 頭、おしり
- おなか、など

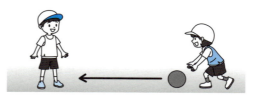

POINT
- コールが遅くならないよう注意する。

ADVICE
- 難しかったら…
  ➡近いところからゆっくり転がす。
  ➡足を上から下におろして止めようとすると失敗しやすい→まずはボールの正面に動く。

📢 **教師の声かけ**
- 止めやすいところにボールを投げよう。
- 投げながら声を出そう。
- タイミングよく止めることができたね。

活動2 シュートゲーム

● 多数ゴールシュート

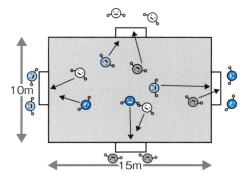

- 時間内にたくさんシュートを決める。
- 同じゴールには連続シュートなし。
- 各グループから2人ずつコートに入り、交代する。
- ゴールはコーンでもOK。
- 待っている子はボールを拾い、中の子に渡したり、応援（指示）したりする。

《ボール多数》
- どんどんシュートする。
- ゴール数で競争する。

ADVICE
シュートがなかなか入らなかったら…
➡ゴールに近づいてうつようにする。

教師の声かけ
- どのゴールが空いているかな。
- ○○さんはよい指示が出ているね。

ゲーム 3対3 大きめのゴール

● 3対3

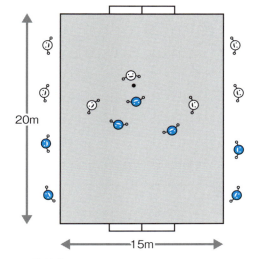

- 3対3。
- 周りの子ども達は壁役。
- 壁役は外に出たボールをゴロで返す（パスはしない）。

POINT
- 挨拶や握手などのマナーを知らせる。

ADVICE
- 積極的に参加できない子がいたら…
➡まずはボールに向かって動くこと、ふれることをめあてに。

教師の声かけ
- ボールに積極的に向かっているね。
- シュートを積極的にうっているね。

中学年 ミニサッカー 87

45分の展開例

第2時 ミニサッカー
シュートをしよう

ウォーミングアップ
ボールを使った動きづくり

●ボール集めゲーム

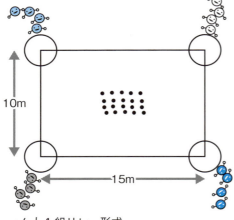

- 4人1組リレー形式。
- 1人が中央のボールを1個を取って陣地に運ぶ。
- 手で運ぶ。一定時間内で多くとったチームが勝ち。

POINT
- 競争した後は、しっかりと認め合い、勝敗を受け入れるようにする。

> **補足** 《ボール集め》
> ボール集めゲームでは、「2個同時に運ぶ子」「自分の陣地にパスをする子」などが出てくるかもしれない。前もって細かいルールを伝えようとすると、それだけで時間がかかるため、「よいアイデアだね」と子ども達なりの知恵を認めていく。その上で、「このゲームでは、パスはなしね」「1個ずつ運んでね」と条件を加えていく。

活動1
ボールコントロール

●ストップボール
- ボール2人1個。
- 2人組で、止める場所を指定する。
- ゴロを投げて、バウンドにして。

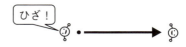

※指定する場所
- 右足、左足　　・頭、おしり
- 膝　　　　　　・おなか、など

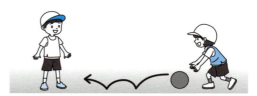

ADVICE
- 難しかったら…
- ➡投げるボールのスピード（ゆっくり→速く）。
- ➡指定する場所の種類（少→多）。
- ・バウンドが難しかったら…
- ➡ゴロに戻す。

両足の様々な箇所でボールを止め、ボールに慣れるようにする。

活動2 シュートゲーム

● 多数ゴールシュート

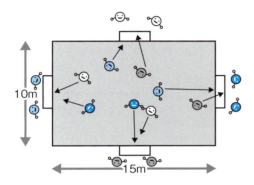

- 時間内にたくさんシュートを決める。
- 同じゴールには連続シュートなし。
- 各グループから2人ずつコートに入り、交代する。
- ゴールはコーンでもOK。
- 待っている子はボールを拾い、中の子に渡したり、応援（指示）したりする。

《ボール多数》
- どんどんシュートする。
- ゴール数で競争する。

POINT
- 先生がモデルとして見せる。上手な子にやってもらうのもよい。

教師の声かけ
- 正確にゴールに入れられたね。

ゲーム 3対3 大きめのゴール

● 3対3

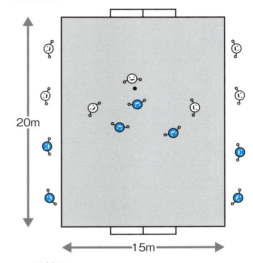

- 3対3。
- 周りの子ども達は壁役。
- 壁役は外に出たボールをゴロで返す（パスはしない）。

POINT
- 応援やアドバイスを含め、壁役の役割をしっかりと押さえる（P12参照）。

ADVICE
- パスがうまくできない子がいたら…
  ➡ まずはゴール方向にけることをめあてにする。

教師の声かけ
- ゴールをねらっているね。

中学年　ミニサッカー

第3時 ミニサッカー
シュートをしよう

ウォーミングアップ
ボールを使った動きづくり

●ボール集めゲーム

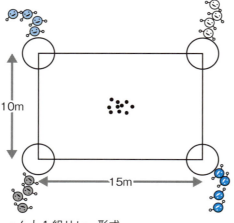

- 4人1組リレー形式。
- 1人が中央のボールを1個取って陣地に運ぶ。
- ボール10個で行う。他のチームから取ってきてもよい。陣地に4個ボールがそろったら勝ち。手で運ぶ。
- 待っている子は、ボールに触ったり守ったりしてはいけない。
- 陣地に4個集まったら、チーム全員で「そろったー！」と声を上げる。

📢 教師の声かけ

- このチームはよい指示が出ているね。

活動1
ボールコントロール

●ストップボール

- ボール2人1個。
- 2人組で、止める場所を指定する。
- キックでゴロ。

※指定する場所
- 右足、左足
- 膝
- 頭、おしり
- おなか、など

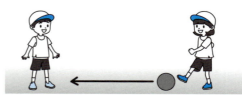

POINT

- キックは種類にこだわらず、ねらい（相手）に向けてけることができればOKとする。

ADVICE

- まっすぐボールがけれないときは…
→ボールをよく見てキック。
→立ち足はボールの横、足先の方向を相手に向ける。

📢 教師の声かけ

- 立ち足の足先の方向を相手に向けよう。
- ボールをよく見ているね。

90

活動2 シュートゲーム

● 多数ゴールシュート

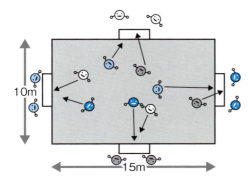

- 時間内にたくさんシュートを決める。
- 同じゴールには連続シュートなし。
- 各グループから2人ずつコートに入り、交代する。
- ゴールはコーンでもOK。
- 待っている子はボールを拾い、中の子に渡したり、応援（指示）したりする。

《ボール多数》
- どんどんシュートする。
- ゴール数で競争する。

POINT
- どのゴールが入りやすいか、人が少ないゴールを見つけさせる。
- ※「○○があいているよ！」などは言わず、間接的声かけをする。

教師の声かけ
- 友達のためにボールを素早く拾ったね。
- どうしたらたくさんシュートできるかな。

ゲーム 3対3 大きめのゴール

● 3対3

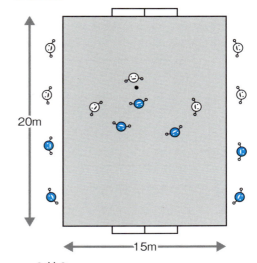

- 3対3。
- 周りの子ども達は壁役。
- 壁役は外に出たボールをゴロで返す（パスはしない）。

POINT
団子状態から離れ、相手ゴール前で待つ子を認め、全体に広げる。

教師の声かけ
- よいところでねらって待っているね。
- きちんと守る準備をしていたね。

中学年　ミニサッカー

45分の展開例

 第4時 ミニサッカー
シュートをしよう

ウォーミングアップ
ボールを使った動きづくり

●ボール集めゲーム

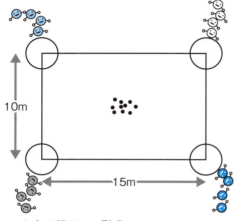

- 4人1組リレー形式。
- 1人が中央のボールを1個取って陣地に運ぶ。
- ボール10個で行う。他のチームから取ってきてもよい。陣地に4個ボールがそろったら勝ち。手で運ぶ。
- 待っている子は、ボールに触ったり守ったりしてはいけない。

ルールを守るよう、適切に声をかける。

活動1
ボールコントロール

●ストップボール

- ボール2人1個。キックでゴロ。
- 2人組で、止める場所を指定する。

※指定する場所
- 右足、左足　　・頭、おしり
- 膝　　　　　　・おなか、など

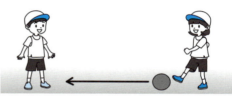

POINT
- ける方も受ける方も左右両足を使う。
- 受ける方は、ボールのコースがずれたら、ボールの正面に動いて受ける。

🔊 教師の声かけ
- 両足を上手に使っているね。
- 苦手な足も使ってごらん。

補足 《両足を使う》
　子ども達は、使いやすい足（利き足。多くは右足）と使いにくい足があり、利き足を使いがちである。年齢が高くなると、利き足が固定されがちになるため、低年齢のときにこそ、自然と両方を使うことに働きかける。特に、得意な子には、苦手な足でもトライさせるよう声かけをする。

活動2 シュートゲーム

● 多数ゴールシュート

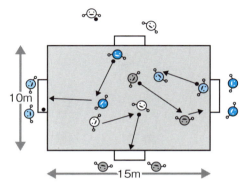

- 時間内にたくさんシュートを決める。
- 同じゴールには連続シュートなし。
- シュートしたらパスの出し手になる。

《ボール5〜6個》
- 2人組で味方に1回以上パスしてシュート。
- ゴールに入っているボールは取ってよい。
- 空いているボールとゴールを見つけて、できるだけたくさんシュートする。
- 2人は交互にシュートする。
- 外の子は拾ったボールをコート内の子に渡す。

ADVICE
- ボールを止められなかったら…
➡ ボールの正面に行って、まずは止めることを大切にする。
- 足元に止めてしまう場合は…
➡ シュートをするにはどこに置いたらうちやすいかを気づかせる。

📢 教師の声かけ
- どうしたらシュートがうちやすいかな。

ゲーム 3対3 大きめのゴール

● 3対3

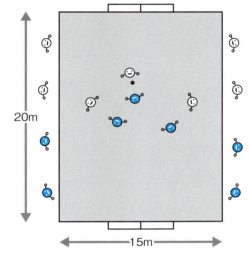

- 3対3。
- 周りの子ども達は壁役。
- 壁役は外に出たボールをゴロで返す（パスはしない）。

POINT
- 20mで短い場合はコートを伸ばす。

ADVICE
- 無人ゴールへのロングシュートの応酬になるようなら、待機チームからゴールキーパーを入れる方法もある。

📢 教師の声かけ
- ねらったところにシュートできていたね。
- ゴールキーパーは味方へパスしよう。

中学年　ミニサッカー　93

45分の展開例

第5時 ミニサッカー
シュートをしよう

ウォーミングアップ
ボールを使った動きづくり

●ボール集めゲーム

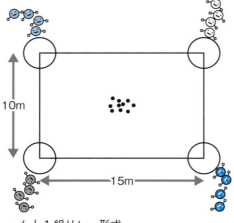

- 4人1組リレー形式。
- 1人が中央のボールを1個取って陣地に運ぶ。
- ボール10個で行う。他のチームから取ってきてもよい。陣地に4個ボールがそろったら勝ち。
- 足でドリブルで運ぶ。
- 待っている子は、ボールに触ったり、守ったりしてはいけない。

POINT
- 周りをよく見ながら動き、ボールを運んでいる他チームとぶつからないようにする。

ADVICE
- ドリブルでのコントロールが難しい場合は…
  ➡ 少しずつ、ゆっくり正確に運ぶよさに気づかせる。

活動1
ボールコントロール

●ストップボール
- ボール2人1個
- 2人組で、止める場所を指定
- ボールを背後から転がす。
- ボールに向かって動いて止める。

※指定する場所
- 右足、左足   ・頭、おしり
- 膝   ・おなか、など

POINT
- 相手が止めやすいように、キックの強さや距離を加減させる。

教師の声かけ
- 素早く動いて止められたね。
- 強さの加減がうまくできたね。
- 後ろから来るボールは、どうしたらうまく止まるかな。

活動2 シュートゲーム

● 多数ゴールシュート

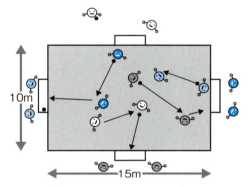

・時間内にたくさんシュートを決める。
・同じゴールには連続シュートなし。
・シュートしたらパスの出し手になる。

《ボール5～6個》
・2人組で味方に1回以上パスしてシュート。
・ゴールに入っているボールは取ってよい。
・空いているボールとゴールを見つけて、できるだけたくさんシュートする。
・2人は交互にシュートする。
・外の子は拾ったボールをコート内の子に渡す。

POINT
・ボールが減ってプレーが続かないときはボールの数を増やす。

📣 教師の声かけ
・よいところでパスをもらったね。
・味方に向かってパスができたね。
・よいところに止めたから、シュートがしやすかったね。

ゲーム 3対3 大きめのゴール

● 3対3

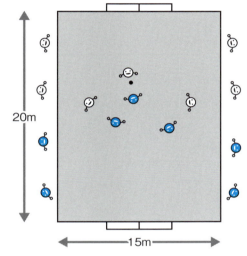

・3対3。
・周りの子ども達は壁役。

POINT
・シュートに対して、ボールとゴールの間に入って防ぐことが有効であることに気づかせる。

ADVICE
・無人ゴールへのロングシュートの応酬になるようなら、待機チームからゴールキーパーを入れる方法もある。

📣 教師の声かけ
・ゴールに近い味方にパスをねらっているね。
・○○チームは守備をがんばっているね。

中学年　ミニサッカー

45分の展開例

第6時 ミニサッカー
シュートをしよう

ウォーミングアップ
ボールを使った動きづくり

●ボール集めゲーム

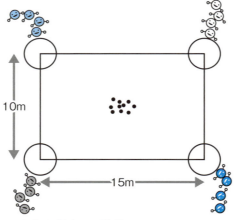

- 4人1組リレー形式。
- 1人が中央のボールを1個取って陣地に運ぶ。
- ボール10個で行う。他のチームから取ってきてもよい。陣地に4個ボールがそろったら勝ち。
- 足でドリブルで運ぶ。
- 待っている子は、ボールに触ったり守ったりしてはいけない。

ADVICE
- 難しいときは…
  ➡ まずは、ていねいに行うよう支援し、「手で運ぶ」に戻すことも考慮する。

📢 教師の声かけ
- 周りを見ながらボールを運んだね。
- 両足を使っているね。

活動1
ボールコントロール

●ストップボール
- ボール2人1個
- 2人組で、止める場所を指定
- ボールを背後から転がす。
- ボールに向かって動いて止める。

※指定する場所
- 右足、左足
- 頭、おしり
- 膝
- おなか、など

POINT
- 様々な止め方を認め、挑戦させていく。

自分から逃げていくボールを追いかけ、止めることは難しいが、頻繁に行う動作なので、早く移動して回り込む、踏み込むなど、その方法を子どもに見つけさせる。

※ 6時以降も時数が確保できる場合は、ウォーミングアップ後、ゲーム大会をする。

活動2 シュートゲーム

● 多数ゴールシュート

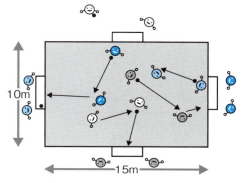

・時間内にたくさんシュートを決める。
・同じゴールには連続シュートなし。
・シュートしたらパスの出し手になる。

《ボール5〜6個》
・2人組で味方に1回以上パスしてシュート。
・ゴールに入っているボールは取ってよい。
・空いているボールとゴールを見つけて、できるだけたくさんシュートする。
・2人は交互にシュートする。
・外の子は拾ったボールをコート内の子に渡す。

ADVICE
・混んでいてパスを受けられなかったら…
➡どこが混んでいないか、パスを受けやすいかを考えて動くようにするとよいことに気づかせたい。

🔊 教師の声かけ
・ボールを持った子の状況を見て、よいポジションを取ったね。

ゲーム 3対3 大きめのゴール

● 3対3

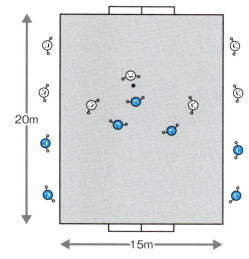

・3対3。
・周りの子ども達は壁役。

ADVICE
・無人ゴールへのロングシュートの応酬になるようなら、待機チームからゴールキーパーを入れる方法もある。

🔊 教師の声かけ
・相手から離れてボールを受けようとしたね。
・ボールを持った友達を見て、よいポジションをとったね。

中学年 ミニサッカー　97

[単元における活動の全体構成] ミニサッカー

みんなで運ぼう

ウォーミングアップ
動きづくり／ふれ合い

●**ステップ！：ボール1人1個**

・「ステップ！」のコールで子ども達は一斉に細かいステップを踏む。
・先生の指定した位置に、復唱しながら手を動かす。「頭」「おなか」「背中」「膝」「おしり」「耳」…。
・このとき、毎回足を止める方法と、ステップしたままの方法がある。
・最後は「ボール！」で終了する。

●**ステップ！：ボール2人1個**

・2人横に並んで行う。
・「ボール！」のコールで、2人でどちらがボールを先に取れるか競争する。

●**ボールレスリング**
・2人でボールレスリングを行う。
・ボールを取った方がボールをおなかの下に隠してうつぶせになる。
・もう1人がひっくり返してボールを奪う。

🌐 活動の意図
大きな声を出して体を動かす。
指示に反応し、様々な動きを経験する。
最後は素早く反応し、ボールの奪い合いをする。
ボールレスリングでは、体を使ってボールをしっかり守る、奪う。
大きな力を出す。体をふれ合わせる体験をする。

✅ 評価
素早く反応し、様々な動きをしている。
ボールと相手の間に体を入れて保持している。
ルールを守り誰とでも仲良く活動している。
大きな声を出し活動している。

活動1
ボールキープ

●**ねことねずみ**

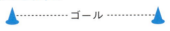

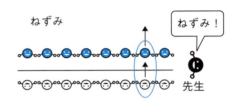

・2人1組で、先生が指定した「ねこ」か「ねずみ」がゴールへ逃げる。
・逆の組は追いかけてゴールにつく前にタッチ。

《ボールあり》
・手で持って逃げる。
・ドリブルで逃げる。
・ボールの位置は、2チームの間／ゴール側。

●**ねことねずみ：ボールキープ**
・ボールを2人の間に置き、時間内のボールキープを目指す。
・ボールを奪われたら奪い返す。

🌐 活動の意図
声に反応して様々な動きを経験する。

✅ 評価
反応してすばやく動いている。
場の安全に気をつけている。

必ずしもサッカーゴールの形にこだわらなくてもかまいません。活動の意図に応じて、柔軟に変化させることができます。ラインゴールは、ゴールがより広く、苦手な子にとっても取り組みやすく、また、「相手のいないところから攻めるとゴールしやすい」という意識を持ちやすくなります。

活動2　ラインゴールゲーム

● ライン→ゾーンゴールゲーム

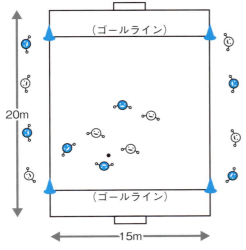

《ラインゴール》
・ライン全体がゴール。
・どこでもドリブル通過すれば得点。

《ゾーンゴール》
・ゾーンに運び込んで自分か味方がその中で止めたら得点。

活動の意図
3人で協力して、空いている場所を見つける。
受け手は、ボールを受けられるところに動く。
攻撃側は、ボールを奪われないようにする。
守備側は、突破されないようにする。

評価
空いている場所を見つけて、パスを出そうとしている／パスを受けようとしている／ドリブルしようとしている。
友達の良い動きを見つけている。

ゲーム　3対3

● 3対3

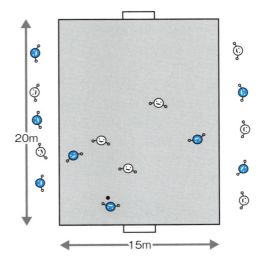

・3対3。
・周りの子ども達は壁役。

活動の意図
練習をしたことを、ゲームでたくさん発揮してみよう！
・ゴールを意識して、3人でうまくボールを運ぶ。

評価
仲間と協力して攻撃、守備をしている。
ゴールをねらう際に空いた場所をいかそうとしている。
シュートを防ぐために、ボールとゴールの間に入ろうとしている。
仲間と協力してゴールを奪おうとしている（攻撃）。
ボールを奪おうとしている（守備）。
友達にアドバイスをしている（考えを伝えている）。
ルールを守って活動している。

中学年　ミニサッカー　99

中学年 03

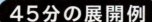

第1時 ミニサッカー
みんなで運ぼう

ウォーミングアップ
動きづくり／ふれ合い

● ステップ！：ボール1人1個

- 「ステップ！」のコールで子ども達は一斉に細かいステップを踏む。
- 先生の指定した位置に、復唱しながら手を動かす。「頭」「おなか」「背中」「膝」「おしり」「耳」…。
- このとき、毎回足を止める方法と、ステップしたままでの方法がある。
- 最後は「ボール！」で終了する。

POINT
- 大きな声を出すと盛り上がる。
- 様々な動きへと発展させる。
- 何度か繰り返して、素早く動くことにチャレンジさせる。

教師の声かけ
- ステップが細かくてよいね。
- 大きな声が聞こえてきたよ。

みんなで「頭、おなか、膝…」と叫んでいるうちに、声がそろうことの気持ちよさを感じるようになる。

活動1
ボールキープ

● ねことねずみ

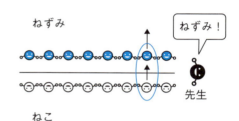

- 2人1組で、先生が指定した「ねこ」か「ねずみ」がゴールへ逃げる。
- 逆の組は追いかけてゴールにつく前にタッチする。

POINT
- 安全性のため、タッチは押さないことを確認する。
- 2回程度行ったら、相手を変える。

補足 《場の設定》
　本書では、逆算によってゲームからウォーミングアップまでの活動を構成しており、できるだけ場の設定も授業スタートから用具などが大きく移動しないようにしている。本単元も、ゲームのコート設定が活動2と同じに設定している。また、活動2のラインゴールのコーンは、活動1の「ねことねずみ」のゴールと重なるようになっている。

100

活動2
ラインゴールゲーム

● ラインゴールゲーム

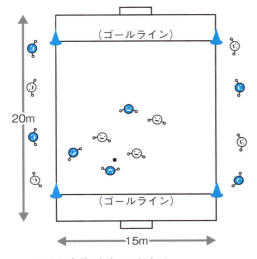

- ライン全体がゴールとなる。
- どこでもドリブル通過すれば得点。
- 3対3で行い、周りの子ども達は壁役。

POINT
- 短い時間で交代させ、多くの子ども達に経験させる。
- どうしたら通過できるか考え気づかせたい（人がいないところ、少ないところ）。

ADVICE
- なかなかボールに触れない子には…
➡ 積極的にボールを奪うことを働きかける。

ゲーム
3対3

● 3対3

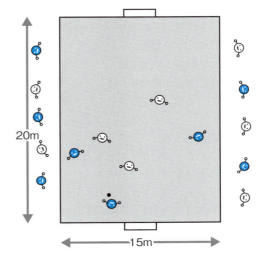

- 3対3。
- 周りの子ども達は壁役。
- 壁役は外に出たボールをゴロで返す（パスはしない）。

POINT
- 挨拶や握手などのマナーを知らせる。

ADVICE
- 積極的に参加できない子がいたら…
➡ まずはボールに向かって動くこと、ふれることをめあてに。

🔊 教師の声かけ
- ボールに積極的に向かっているね。
- シュートを積極的にうっているね。

中学年　ミニサッカー　101

中学年 03

第2時 ミニサッカー
みんなで運ぼう

ウォーミングアップ
動きづくり／ふれ合い

●ステップ！：ボール1人1個

- 「ステップ！」のコールで子ども達は一斉に細かいステップを踏む。
- 先生の指定した位置に、復唱しながら手を動かす。「頭」「おなか」「背中」「膝」「おしり」「耳」…。
- このとき、毎回足を止める方法と、ステップしたままでの方法がある。
- オプションで「ジャンプ」「しゃがむ」等。
- 最後は「ボール！」で終了する。

POINT
- いろいろな相手と活動しながら、勝敗を受け入れる態度を育てる。

📢 **教師の声かけ**
- 動きが素早くできているよ。

《オプション》

その場ランニング、スキップ、1回転ジャンプ、片足、動物のまねなど。全身を動かす。

活動1
ボールキープ

●ねことねずみ

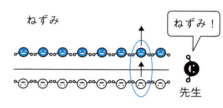

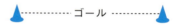

- 2人1組で、先生が指定した「ねこ」か「ねずみ」がゴールへ逃げる。
- 逆の組は追いかけてゴールにつく前にタッチする。

《バリエーション》
- コール：コールされた方が逃げる。動物や食べ物、子ども達の名前など言うとよい。
- 姿勢：スタート時の姿勢を座る、寝るなど。

ADVICE
- 慣れるまでは簡単なバリエーションから行う。

📢 **教師の声かけ**
- すばやく反応できたね。

活動 2 ラインゴールゲーム

● ラインゴールゲーム

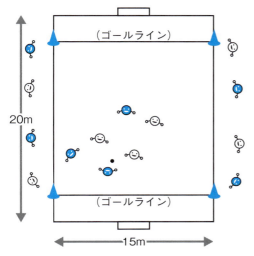

・ライン全体がゴールとなる。
・どこでもドリブル通過すれば得点。

POINT
・ライン全体がゴールであることの意味に気づかせる。

🔊 教師の声かけ
・ゴールはどこかな？
・空いているところをよく見ていたね。

補足 《ゴールについて》
コートの幅全体がゴールなので、攻撃側は、必ずしも中央に集中する必要がない。攻めあぐねたら、広く空いている方向に攻めることができるということに気づかせる。

ゲーム 3対3

● 3対3

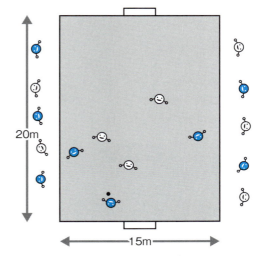

・3対3。
・周りの子ども達は壁役。

POINT
・壁役の役割をしっかりと押さえる。アドバイスや応援等は、認め、広める。

ADVICE
・パスがうまくできない子がいたら…
　→まずは、ゴール方向にけることをめあてにする。

🔊 教師の声かけ
・ゴールをねらってけっているね。
・○○さん、よいパスだよ。
・よいねらいだったね（パスが通らなくても）。

中学年　ミニサッカー　103

 第3時 ミニサッカー
みんなで運ぼう

ウォーミングアップ
動きづくり／ふれ合い

●ステップ！：ボール2人1個

- 2人横に並んで行う。
- 「ボール！」のコールで、2人でどちらがボールを先に取れるか競争する（手で取る）。

POINT
- 安全面を考え、横に並ぶようにする（頭をぶつけない）。
- 2人組は固定ではなく、相手を変えられるように設定する。
- 子ども同士がもめそうなときは、解決策を考えさせる。

🔊 **教師の声かけ**
- 仲よくできているね。
- ○○さんはよく聞いて動いているよ。

補足 《相手を変える》
　体育の授業では、ペアやグループでの活動は多い。ここでは、ペアやグループの「相手を変える」ことを行う。「身長順、五十音順、班の中で、フリーに」といろいろな子と組み合わせることで、普段、接していない子とも活動させていく。定期的に相手を変えて活動する設定は、仲間づくりにつながるとともに、力の差がないペアができてくる。「相手を変える」ことは、拮抗したゲームを行うためには、大事な視点となる。

活動1
ボールキープ

●ねことねずみ

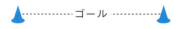

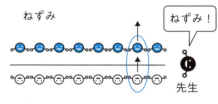

- 2人1組で、先生が指定した「ねこ」か「ねずみ」がゴールへ逃げる。
- 逆の組は追いかけてゴールにつく前にタッチする。

《ボールあり》
- 手で持って逃げる。
- ドリブルで逃げる。
- ボールの位置は2チームの間／ゴール側（安全に留意する）。

POINT
- ボールを使うときは、子ども達がストレスなくできるようにする。バリエーションでは全員ができそうなことに限定する。

活動2 ラインゴールゲーム

●ラインゴールゲーム

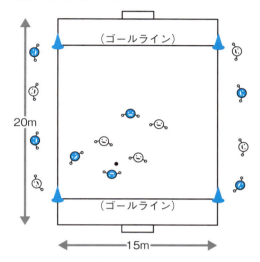

・ライン全体がゴールとなる。
・どこでもドリブル通過すれば得点。

POINT
・チームで協力して、粘り強くゴールを守ることの大切さに気づかせる。

🔊 教師の声かけ

ボールをもらう動きに気づいていたら（守備を意識して相手とゴールの間に立とうとする）。
・○○さん、よいところに動いたね
・粘り強く守ったね。
・危ないところをよく守ったね。

ゲーム 3対3

●3対3

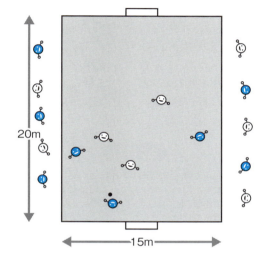

・3対3。
・周りの子ども達は壁役。

POINT
・デモンストレーション等で見せて知らせるとより伝わりやすい。
・連続性を大事にして、テンポよくたくさんプレーさせる。
・集団（団子）から離れ、相手ゴール前や広いところで待つ子を認め、全体に広げる。

🔊 教師の声かけ

集団（団子）から離れ、相手ゴール前（フロントコート）で待つ子を認め、全体に広める。自チームの前で待つ子も同様。
・よいところで守っていたね。
・しっかり守る準備をしていたね。

中学年　ミニサッカー　105

中学年 03

第4時　ミニサッカー
みんなで運ぼう

ウォーミングアップ
動きづくり／ふれ合い

●ステップ！：ボール2人1個

- 2人横に並んで行う。
- 「ボール！」のコールで、2人でどちらがボールを先に取れるか競争する（足で取る）。

POINT
- ボールに足でタッチできればよい。
- 安全性のため、ボールの上に踏み込まないように注意。
- いつも同じ方向ではなく、場所を左右入れ替えて行う。

先に足でボールにタッチしたら勝ちとなる。

活動1
ボールキープ

●ねことねずみ：ボールキープ

- ボールを2人の間に置き、合図でボールを取り合い、ボールを持った方は時間内ボールキープを目指す。
- ボールを奪われたら奪い返す。

POINT
- 時間は20〜30秒程度とする。
- できるだけ場所を移動しないでキープさせる。

📢 教師の声かけ
- ○○さんは相手に取られない体の使い方の工夫をしていたね。
- ○○さんはずっとキープできたね。
- どうしたらうまくキープできるかな。

相手とボールの間に体を入れ、ボールをなるべく相手から遠くに位置して、キープする。

活動 2
ラインゴールゲーム

●ゾーンゴールゲーム

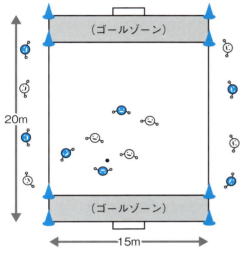

・ゾーンに運び込んで、自分か味方がその中で止めたら得点となる。

POINT
・ゴールがゾーンになったことの意味に気づかせる。
・ドリブル、パスのどちらを選択してもよいので、子ども達の挑戦を認め、広める。

🔊 教師の声かけ
・よいところに動いたね。
・よく見ていたね。

ゲーム
3 対 3

●3 対 3

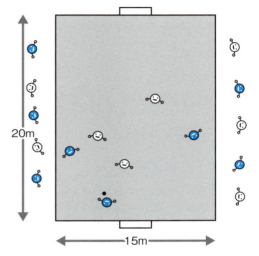

・3 対 3。
・周りの子ども達は壁役。

POINT
・無人ゴールへのロングシュートの応酬になるようなら、待機チームからゴールキーパーを入れる方法もある。

ADVICE
・無人ゴールへのロングシュートの応酬になるようなら、待機チームからゴールキーパーを入れる方法もある。

🔊 教師の声かけ
・ねらったところにパスできたね。
・ゴールキーパーは、味方へパスしよう。

中学年 ミニサッカー 107

45分の展開例

第5時 ミニサッカー
みんなで運ぼう

ウォーミングアップ
動きづくり／ふれ合い

●ボールレスリング
- 2人で行う。
- 役割を決め、1人がボールをおなかの下に隠してうつぶせになる。
- もう1人がひっくり返してボールを奪う。
- 役割を交代して行う。

POINT
- 相手のいやがるところをふれさせない。
- ルールを守ることの大切さを知らせる。
- 安全面から、ボールを持った子は足や手を動かさないようにさせる。
- 時間は20〜30秒程度の短い時間にする。

補足 《体のふれ合い、力を出す》
　子ども達の活動の中で、全身を使って力を出しきるような動きは減っていないだろうか。そこで、ここでは「ボールレスリング」を行う。1人はボール保持のために全身を使って守り、もう1人がボールを奪いにいく。ボールを奪いたい子は、必死になって友達に組みにいく。思いきり力を出す貴重な経験となるとともに、このように組み合うことによって、自然な体のふれ合いが生まれる。このことは仲間づくりにつながり、きっと心の深いところで積み重なるものがあると考えられる。

活動1
ボールキープ

●ねことねずみ：ボールキープ
- ボールを2人の間に置き、合図でボールを取り合い、ボールを持った方は時間内ボールキープを目指す。
- ボールを奪われたら奪い返す。

POINT
- スタートの姿勢を変化させるのもよい。
- 勝ち同士、負け同士など、子ども達の技能差を調整すると拮抗する。

🔊 **教師の声かけ**
- どんどん取りにいこう！（積極的にボールを奪いにいけない子に）。

守る側はボールばかり見るのではなく、相手がどちらから来ているのかを見ることで、うまくキープできる。

活動2 ラインゴールゲーム

● ゾーンゴールゲーム

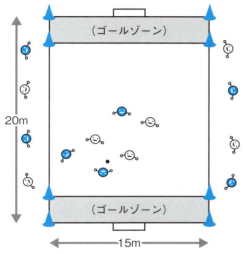

- ゾーンに運び込んで、自分か味方がその中で止めたら得点となる。

POINT
- ボールの前に立つ守備に気づかせる。
- チームで協力して、粘り強くゴールを守ることの大切さに気づかせる。

教師の声かけ
- ○○さん、よいところに動いたね。
- 粘り強く守ったね。
- 危ないところをよく守ったね。

ADVICE
- 攻撃側のチームが相手チームの集結でうまく攻撃できないときは…
  ➡ 作戦タイムで、攻め方を工夫させる。

ゲーム 3対3

● 3対3

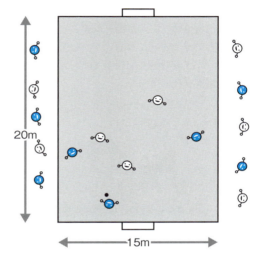

- 3対3。
- 周りの子ども達は壁役。

POINT
- 守備は、積極的にボールを奪いにいき、ボールの前に立とうとする。

教師の声かけ
- 協力してよく守っているね。
- 粘り強く守ったね。

ADVICE
- 無人ゴールへのロングシュートの応酬になるようなら、待機チームからゴールキーパーを入れる方法もある。

中学年 ミニサッカー

第6時　ミニサッカー
みんなで運ぼう

ウォーミングアップ
動きづくり／ふれ合い

● ボールレスリング
- 2人で行う。
- 役割を決め、1人がボールをおなかの下に隠してうつぶせになる。
- もう1人がひっくり返してボールを奪う。
- 役割を交代して行う。

🔊 教師の声かけ

・あきらめずにがんばれ！

ひっくり返されたら、役割を交代する。

活動1
ボールキープ

● ねことねずみ：ボールキープ
- ボールを2人の間に置き、合図でボールを取り合い、ボールを持った方は時間内ボールキープを目指す。
- ボールを奪われたら奪い返す。

🔊 教師の声かけ

・○○さんは右足でも左足でもボールを守っていたよ。

2人の間でパスをしながら、先生の合図のときにボールを持っていた方がキープする方法もある。

※6時以降も時数が確保できる場合は、ウォーミングアップ後、ゲーム大会をする。

活動2 ラインゴールゲーム

● ゾーンゴールゲーム

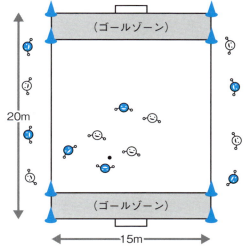

・ゾーンに運び込んで、自分か味方がその中で止めたら得点となる。

POINT
・空いているところを見つけて攻める。

教師の声かけ
・○○さん、よく見ていたね（出し手）。
・○○さん、よい動き方だったよ（受け手）。
・○○さん、ナイストライ！

自分の前が空いていたら、ドリブルでゴールすることもよい動きとなる。

ゲーム 3対3

● 3対3

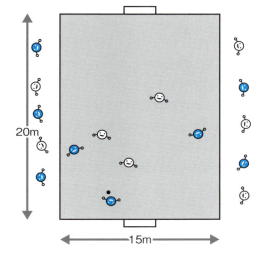

・3対3。
・周りの子ども達は壁役。

教師の声かけ
・よいところを見つけたね（出し手、受け手）。
・協力して粘り強く守ったね。

ADVICE
・無人ゴールへのロングシュートの応酬になるようなら、待機チームからゴールキーパーを入れる方法もある。

中学年　ミニサッカー

| 高学年 | ボール運動［ゴール型ゲーム］ |

サッカー

目標

1 目標

(1) 各種の運動の楽しさや喜びを味わい、その行い方及び心の健康やけがの防止、病気の予防について理解するとともに、各種の運動の特性に応じた基本的な技能及び健康で安全な生活を営むための技能を身に付けるようにする。

(2) 自己やグループの運動の課題や身近な健康に関わる課題を見付け、その解決のための方法や活動を工夫するとともに、自己や仲間の考えたことを他者に伝える力を養う。

(3) 各種の運動に積極的に取り組み、約束を守り助け合って運動をしたり、仲間の考えや取組を認めたり、場や用具の安全に留意したりし、自己の最善を尽くして運動をする態度を養う。
また、健康・安全の大切さに気付き、自己の健康の保持増進や回復に進んで取り組む態度を養う。

2 内容

(1) ゴール型では、ボール操作とボールを持たないときの動きによって、簡易化されたゲームをすること。

(2) ルールを工夫したり、自己やチームの特徴に応じた作戦を選んだりするとともに、自己や仲間の考えたことを他者に伝えること。

(3) 運動に積極的に取り組み、ルールを守り助け合って運動をしたり、勝敗を受け入れたり、仲間の考えや取組を認めたり、場や用具の安全に気を配ったりすること。

3 高学年の考え方

(1) グループで協力して解決する。　　　　(2) 意図的に攻撃・守備をする。

単元における活動内容

※6時以降も時数が確保できる場合は、ウォーミングアップ後、ゲーム大会をする。

単元名	ウォーミングアップ	活動1	活動2	ゲーム
01 グループで突破しよう	しっぽ取り	川渡りドリブル	川渡りパス	
02 空いているところから攻撃しよう	ボール出し	パスを回せ！	4ゴールゲーム	4対4 （＋GK）
03 みんなで工夫してゴールをねらおう	セーフティペア	2ゴールシュート	ボール回し	

高学年における言語活動の考え方

　チームとしてよいゲームができるようになるには、お互いのプレーの意図を知ることが必要です。そのためにはプレーしながら味方に指示を出したり、要求したりしなければなりません。そのため、ゲームをしながら戦術的な声が出てくるように働きかけていきましょう。

評　価

【単元のねらい】

5年生

知識及び技能：積極的に攻める中で、相手を見て空いているところを見つけたりしながらパスやドリブルをすることができる。

思考力、判断力、表現力等：ゴールを目指すために相手を見て、パスコースを意識しながらボールを運ぼうとしている。

学びに向かう力、人間性等：4人で協力してプレーし、何度もチャレンジしている。

6年生

知識及び技能：空いているところを作り、パスやドリブルで突破しようとしたり、ボールを奪ったりすることができる。

思考力、判断力、表現力等：ゴールを目指すために味方や相手、空いているスペースなどを意識して意図的にプレーしようとしている。

学びに向かう力、人間性等：仲間と協力してプレーし、様々なボール扱いにチャレンジしている。

評価の観点

	知識・技能	思考・判断・表現	主体的に学習に取り組む態度
01	・状況を見ながら、ねらいをもってドリブルやパスをすることができる ・突破されないように守備をすることができる	・状況を見て、パスコースを意識しながらボールを運びゴールを目指している ・意図的にパスコースを作ろうとしている ・相手の攻撃に対し、パスやドリブルのコースを消そうとしている	・何度もチャレンジしている ・4人で協力してプレーしている
02・03	・手や足で、スムーズにボールを扱うことができる ・状況を見ながら、ねらいをもって攻撃をすることができる ・突破されないように守備をすることができる	・ドリブルがよいかパスがよいか判断しようとしている ・ゴールに向かいやすいように空いているところを意識しようとしている ・状況を見て予測して、意図的にプレーしている	・何度もチャレンジしている ・仲間と協力してプレーしている

※評価の観点は平成31年1月21日の中央教育審議会の報告に示されたものに基づいている

高学年　サッカー　113

[単元における活動の全体構成] サッカー

グループで突破しよう

ウォーミングアップ
動きづくり／仲間づくり

● しっぽ取り

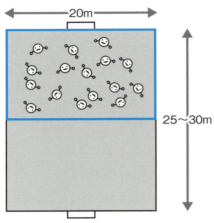

- ハーフコートで16人程度で行う。
- ゼッケンをしっぽにする。

● 展開

《2人組しっぽ取り》
- 1対1で行う。
- オプション：2人でペアになり、前後につながって行う。

《4チームしっぽ取り》
- 4チームに分かれて同時に行う。
- 自分のチーム以外をねらう。

�football 活動の意図

周りを見ながら様々な動きをする。
仲間とふれ合い、協力する。

✅ 評価

相手を見ながら反応して、様々なステップで動く。
状況に応じて体の向きを変えている。
仲間と協力して積極的に活動している。
場の安全に気をつけている。

活動1
ドリブル

● 川渡りドリブル

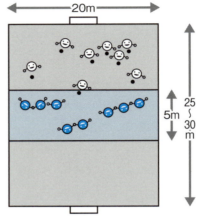

- 中央の川にいるおににタッチされないように反対側へ渡る。

● 展開

- ボールを手で持って行う。
- ボールを足でドリブルして行う。
- おには手をつないで2組になる。
- おには手をつないで3組になる。

�football 活動の意図

周りを見て、隙を見つけて突破する。
自分からしかけて空いているところを作り突破する。
状況に応じたドリブルすることができる。
仲間と協力して守る。

✅ 評価

状況を見て空いているスペースを見つけてドリブルしている。
何度もチャレンジしている。
仲間と協力して相手のドリブルのコースを止めようとしている。

114

川渡りには、以下の利点があります。①ドリブルやキックなどの技術の練習になる。②相手を見てプレーする。③守備の手をつなぐ人数・組を増減することで、難易度を調整しやすい。④攻撃も守備もコミュニケーションが活発になる。⑤味方が有利になるよう、相手を意図的に動かそうとする。

活動2 パス

● 川渡りパス

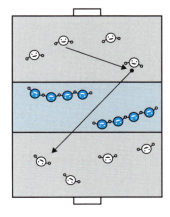

・4人でボールを動かしながら、反対側のコートの4人へパス。
※ゴロを基本とし、頭上を越えるようなボールで渡るようにはしない。

● 展開

・おには4人組で手をつなぐ・2組。
・おには3人組で手をつなぐ・3組。

活動の意図　📖 P19〜20 参照

状況を見て、パスコースを意識しながらねらってキックする。
4人で協力して空いているところを意図的に作り、パスで突破する。
4人で協力してボールを奪う。

✅ 評 価

仲間と協力し、声をかけ合ってチャレンジしている。
相手をよく見て相手がいるところを見つけたり、意図的に空いているところを作ったりしている。
状況を見ながらねらいをもってパスをしている。
仲間と協力し、相手のパスコースを消している。

ゲーム 4対4＋GK 1

● 4対4＋GK ゲーム

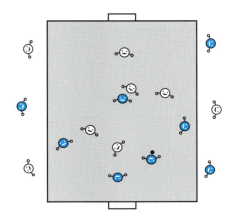

・途切れない。
・全員参加。
・攻防。
・ゴールキーパーは、ゴール前で手を使って守備をする。
・タイムキーパー。
・セルフジャッジ。

活動の意図

練習したことを、ゲームでたくさん発揮してみよう！
・相手を見てパスコースを意識しながらボールを運び、ゴールを目指す。
・仲間と協力して守備をする。

✅ 評 価

仲間と協力し、状況を見ながら意図的に攻防している。
簡単な作戦を考えている。

高学年　サッカー　115

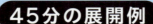

第1時 サッカー
グループで突破しよう

ウォーミングアップ
動きづくり／仲間づくり

●しっぽ取り

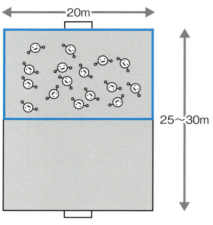

- ハーフコートで16人程度で行う。
- ゼッケンをしっぽにする。
- しっぽを取ったら、その場で返して続ける。
- 時間の目安は1〜2分。

POINT
- 守ることを考えながら、積極的にしっぽを取りにいかせる。

🔊 **教師の声かけ**
- しっぽをどんどん取りにいこう。

活動1
ドリブル

●川渡りドリブル

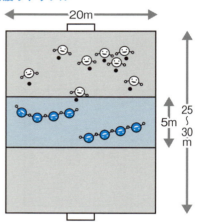

- 中央の川にいるおににタッチされないように反対側へ渡る。
- 反対側へ渡ることができたら1点。何度でもチャレンジさせる。
- おには4人組で手をつなぐ（2組）

●展開
- ボールを手で持って行う。
- ボールを足でドリブルして行う。

POINT
- 対戦形式で行うことで、楽しさが増す。

🔊 **教師の声かけ**
- 慌てないで。
- 空いているところを見つけたね。

116

活動2
パス

●川渡りパス

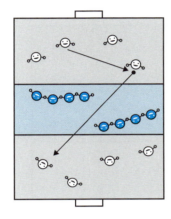

- 4人でボールを動かしながら、反対側のコートの4人へパスをする。
- 同じゾーン内でのパスも使ってよい。
- パスはゴロを基本とする。
- 守備側は4人組で手をつなぐ（2組）。

POINT
- 積極的に川を渡すことにチャレンジさせる。
- 受け手も動いてパスコースを作る。
- 川を渡すだけでなく、ゾーン内で味方へパスをすることで角度を変え、パスコースを作る。

ADVICE
- 難しいときには…
  ➡おにをライン上に並べて奥行きを消す。

🔊 **教師の声かけ**
- どうしたらコースができるかな。

ゲーム
4対4＋GK

● 4対4＋GKゲーム

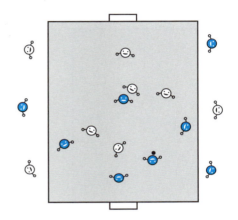

- 途切れない。
- 全員参加。
- 攻防。
- ゴールキーパーは、ゴール前で手を使って守備をする。
- タイムキーパー。
- セルフジャッジ。

POINT
- 壁役は役割に徹し、ボールを体で止めてゲームが途切れないようにする。
- ゴールライン上も壁ありにすれば、さらにゲームが途切れない。
- ゴールキーパーは味方にゴロでパスする。
- 壁役の子もゴロでボールを入れる。
- 子ども達の関わりが少なかったら、ピッチサイズを小さくする。

🔊 **教師の声かけ**
- どんどんボールにいっているね。

高学年　サッカー

45分の展開例

第2時 サッカー
グループで突破しよう

ウォーミングアップ
動きづくり／仲間づくり

● しっぽ取り

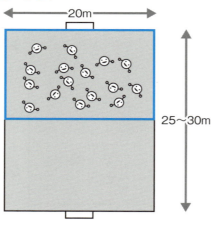

- ハーフコートで16人程度で行う。
- ゼッケンをしっぽにする。
- しっぽを取ったら、自分のしっぽにする。取られた子は、そのまま取りにいく。

POINT
- 体の使い方を工夫して守らせる。
- しっぽを体の横に付ける方法もある。

補足 《しっぽを取られたときのルール》
《休まず参加型》
- 取られたゼッケンを返してもらい、そのまま続けて参加する。
- しっぽがないまま他の子ども達のしっぽをねらう。

《競争性重視、盛り上げ型》
- 取られたらアウト。最後の1人をチャンピオンとする勝ち抜き戦。
- 取られたらアウト。時間で区切り、残った人数で競争する。

活動1
ドリブル

● 川渡りドリブル

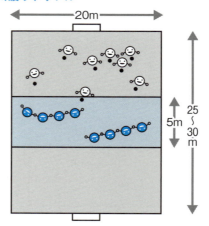

- 中央の川にいるおににタッチされないように反対側へ渡る。
- おには4人組で手をつなぐ（2組）。

●展開
- ボールを手で持って行う。
- ボールを足でドリブルして行う。

🔊 **教師の声かけ**
- おにが協力し合っているね。

補足 《高学年での川渡りドリブル》
　低学年でも行った川渡りドリブルの発展。おにも攻撃側も、工夫して協力して行うことが重要となる。おにはコースを限定する、エリアを分担する等の工夫が必要となる。一方、攻撃側も、わざとおにを引きつけてコースを空ける工夫などが出てくる。このことを直接伝えるのではなく、自然に出てくるのを待ち、出てきたら認め、ほめてあげることが重要となる。

活動 2 パス

● 川渡りパス

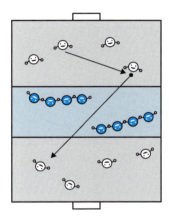

- 4人でボールを動かしながら、反対側のコートの4人へパスをする。
- 守備側は4人組で手をつなぐ（2組）。

POINT
- 受け手の側が動くことで、コースを作れることに気づかせる。

ADVICE
- パスする子ども達の中で、動かない子やキックしたり受けたりできない子には…
- ➡守備の人数を減らして通しやすくする。
- ➡攻撃の人数を減らして必然的に一人ひとりの関わりを大きくする。

ゲーム 4対4＋GK

● 4対4＋GKゲーム

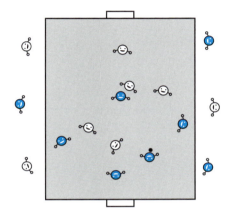

- 途切れない。
- 全員参加。
- 攻防。
- ゴールキーパーは、ゴール前で手を使って守備をする。
- タイムキーパー。
- セルフジャッジ。

ADVICE
- 得点が入りにくいときには…
- ➡ゴールを大きくする。
- ➡ゴールキーパーを入れない。
- ➡3対3にする。
- ➡ボールの種類についても抵抗感を軽減するため、ソフトバレーボールの使用や空気を抜くなどの工夫をする。

POINT
- 壁役の役割をしっかりと押さえる。
- ゴールを目指すのが第一のねらいであると伝える。

高学年 サッカー

高学年 01

45分の展開例

 第3時 サッカー

グループで突破しよう

ウォーミングアップ
動きづくり／仲間づくり

● しっぽ取り

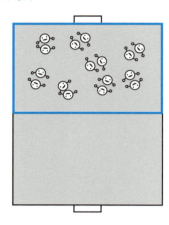

・ハーフコートで16人程度で行う。
・ゼッケンをしっぽにする。
・しっぽを取ったら、自分のしっぽにする。取られた子は、そのまま取りにいく。

● 展開

《2人組しっぽ取り》
・1対1で行う（上図参照）。
・オプション：2人ペアで前後につながる。

ADVICE

・コートの端でじっとしている子には…
➡先生が参加し、その子のしっぽをねらうなどして、動かしていく。

補足 《2人組しっぽ取り》
しっぽ取りは、自分のしっぽを守りながら相手のしっぽを取るゲームなので、周りの状況を見ながら動く必要がある。2人ペアになって前後につながると、動きにくくなり、しっぽを守ることが難しくなるため、2人組でのコミュニケーションが重要となる。

活動1
ドリブル

● 川渡りドリブル

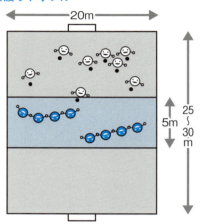

・中央の川にいるおににタッチされないように反対側へ渡る。
・おには4人組で手をつなぐ（2組）。

● 展開
・ボールを手で持って行う。
・ボールを足でドリブルして行う。

POINT

・自分達で空いているスペースを作って、仲間を助けることができることに気づかせる。

教師の声かけ

・うまくスペースを作ったね。

120

活動2
パス

●川渡りパス

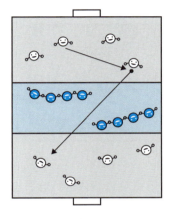

・4人でボールを動かしながら、反対側のコートの4人へパスをする。
・守備側は4人組で手をつなぐ（2組）。

🔊 **教師の声かけ**

・ねらったところにパスできているね。
・パスをもらえるところに動けているね。
・仲間へのかけ声がよいよ！

> **補足** 《「手をつなぐ」ことの意味》
> 活動1、活動2での手をつなぐ活動は、難易度の調整方法の1つである。手をつなぐ人数が少なければ動きやすく、また組数が増えるので、守備側が有利となる。ただし、思春期の入り口でもあり、高学年での男女間ではなかなか手をつなぐことにためらいもある。しかし、「手をつないで守ることがルール」としっかり伝えることができれば、子ども達は自然と受け入れるようになっていく。

ゲーム
4対4＋GK

●4対4＋GKゲーム

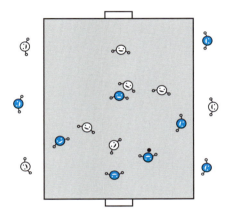

・途切れない。
・全員参加。
・攻防。
・ゴールキーパーは、ゴール前で手を使って守備をする。
・タイムキーパー。
・セルフジャッジ。

🔊 **教師の声かけ**

・パスをもらえるところに動けているね。
・積極的にシュートをねらおう。
・よいパスが通ったよ。

45分の展開例

 第4時 サッカー
グループで突破しよう

ウォーミングアップ
動きづくり／仲間づくり

●しっぽ取り

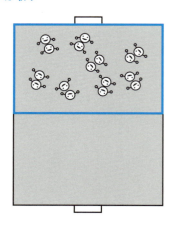

・ハーフコートで16人程度で行う。
・ゼッケンをしっぽにする。
・しっぽを取ったら、自分のしっぽにする。取られた子は、そのまま取りにいく。

●展開
《2人組しっぽ取り》
　・1対1で行う。
　・オプション：2人ペアで前後につながる（上図参照）。

POINT
・仲間と声をかけ合う。

活動1
ドリブル

●川渡りドリブル

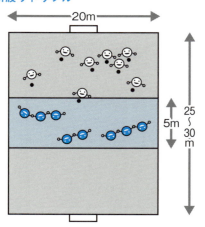

・中央の川にいるおににタッチされないように反対側へ渡る。
・おには3人組で手をつなぐ（3組）。

●展開
・ボールを足でドリブルして行う。

POINT
・3組に増えたことで、より見るものが増えているので、見ること、ステッピング、仲間との協力が必要となる。

🔊 **教師の声かけ**

・仲間と協力して空いたところを作れているね。

活動2 パス

●川渡りパス

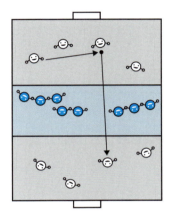

- 4人でボールを動かしながら、反対側のコートの4人へパスをする。
- 守備側は3人組で手をつなぐ（3組）。

POINT
- どこにポジションをとったら通りやすいのかを考えさせる。
- 味方同士のパスの有効性に気づかせる。

ADVICE
- 難しいときは…
  → 守備を2組に戻す（継続する）。

ゲーム 4対4+GK

● 4対4+GKゲーム

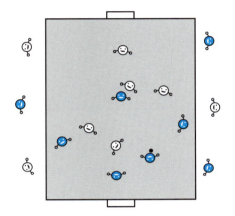

- 途切れない。
- 全員参加。
- 攻防。
- ゴールキーパーは、ゴール前で手を使って守備をする。
- タイムキーパー。
- セルフジャッジ。

POINT
- 相手とゴールの間に移動して守ることに気づかせる。

基本は得点されたチームのゴール前からすぐにスタート。対戦チームの力の差が大きい場合は、センターサークルから再開する。

高学年 サッカー 123

45分の展開例

  第5時 サッカー
グループで突破しよう

ウォーミングアップ
動きづくり／仲間づくり

●しっぽ取り

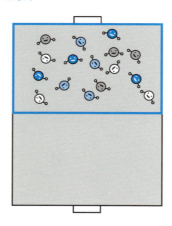

・ハーフコートで16人程度で行う。
・ゼッケンをしっぽにする。
・しっぽを取ったら、自分のしっぽにする。取られた子は、そのまま取りにいく。

●展開
《4チームしっぽ取り》（上図参照）
・4チームに分かれて同時に行う。
・自分のチーム以外をねらう。

🔊 **教師の声かけ**

・よく見ていたね。
・チームで協力しているね。

活動1
ドリブル

●川渡りドリブル

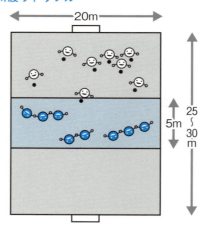

・中央の川にいるおににタッチされないように反対側へ渡る。
・おには3人組で手をつなぐ（3組）。

●展開
・ボールを足でドリブルして行う。

POINT
・おにの連携が重要であることに気づかせる。

ADVICE
・さらに難しくするには…
➡おにの組数を増やす。
・難しい場合は…
➡おにの組数を減らす。

活動2 パス

●川渡りパス

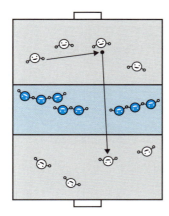

・4人でボールを動かしながら、相手コートの4人へパスをする。
・守備側は3人組で手をつなぐ（3組）。

POINT
・どこにポジションをとったらパスが通りやすいのかを考えさせる。
・味方同士のパスの有効性に気づかせる。

パスが通りそうなところを見つけたり、意図的に作ったりしていく。

ゲーム 4対4＋GK

● 4対4＋GKゲーム

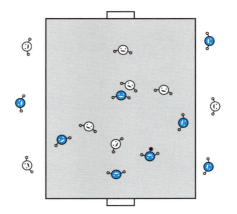

・途切れない。
・全員参加。
・攻防。
・ゴールキーパーは、ゴール前で手を使って守備をする。
・タイムキーパー。
・セルフジャッジ。

🔊 **教師の声かけ**

・よい場所に動いて守っているね。
・仲間へのアドバイスがよいね。

補足 《ゲームの作戦》
　ゲームの際には、活動の積み重ねが生きるような作戦を確認させる。ゴール前に固定的に1人を配置するような作戦は、子どもの活動性、ゲームの関わりが下がるので避けたい。

高学年　サッカー　125

45分の展開例

第6時 サッカー
グループで突破しよう

ウォーミングアップ
動きづくり／仲間づくり

●しっぽ取り

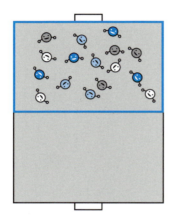

・ハーフコートで16人程度で行う。
・ゼッケンをしっぽにする。
・しっぽを取ったら、自分のしっぽにする。取られた子は、そのまま取りにいく。

●展開
《4チームしっぽ取り》（上図参照）
・4チームに分かれて同時に行う。
・自分のチーム以外をねらう。

ADVICE

・しっぽを取られたら…
①返してもらって続ける。➡みんながたくさん動ける。
②取られたらアウト。最後まで残った人がチャンピオン。➡競争性を高める。
③時間で区切る。「□人残り」➡競争性を高める。

活動1
ドリブル

●川渡りドリブル

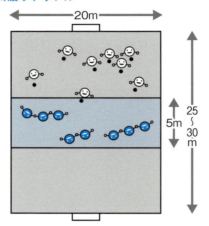

・中央の川にいるおににタッチされないように反対側へ渡る。
・おには3人組で手をつなぐ（3組）。

●展開
・ボールを足でドリブルして行う。

自分からしかけ、空いているところを作り出していく。

※ 6時以降も時数が確保できる場合は、ウォーミングアップ後、ゲーム大会をする。

活動 2
パス

● 川渡りパス

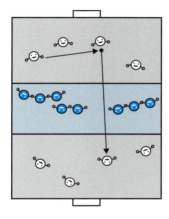

・4人でボールを動かしながら、相手コートの4人へパスをする。
・守備側は3人組で手をつなぐ（3組）。

📢 教師の声かけ

・味方同士でうまく回せているね。
・守備の3組がうまく協力できているね。

> **補足** 《サッカー経験者がいる場合》
> 　高学年で、サッカー経験者がいると、浮き球のボールをけって頭上を越えさせるといったことが見られる。しかし、それはここでの目標ではないので、ボールは必ずゴロで通すように指導する。味方同士の連係が重要となるので、経験者1人ががんばるのではなく、うまく味方と協力してプレーすることが必要となることを伝える。

ゲーム
4対4＋GK

● 4対4＋GKゲーム

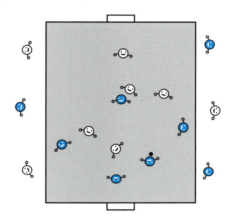

・途切れない。
・全員参加。
・攻防。
・ゴールキーパーは、ゴール前で手を使って守備をする。
・タイムキーパー。
・セルフジャッジ。

高学年においてもお互いが相手をリスペクトし、ゲームの勝ち負けを受け入れることを学ばせることが大切である。

高学年　サッカー　127

[単元における活動の全体構成] サッカー

空いているところから攻撃しよう

ウォーミングアップ　動きづくり

● ボール出し

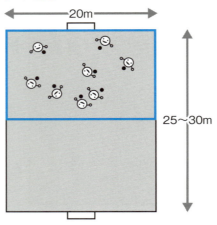

・1人につき1個のボール。ドリブルでコート内を動く。

● 展開

やさしい ↕ 難しい

① ドリブルつっつき。
　自分のボールを保持しつつ、相手のボールをけり出す。
② 手で当てて出す。
　攻撃と守備に分かれ、攻撃側は守備側が足で保持しているボールに自分のボールを投げ当てて外に出す。
③ キックで当てて出す。
　攻撃と守備に分かれ、攻撃側は守備側が足で保持しているボールに自分のボールをけり当てて外に出す。

⚽ 活動の意図

自分のボールを守りながら、隙を見て攻撃する。
動きながらのボールフィーリング。

✓ 評　価

何度もチャレンジしている。
相手のボールをねらって投げ/キックしている。
体を使ってボールを守っている。
手や足でスムーズにボールを扱うことができる。

活動1　ボールフィーリング

● パスを回せ！パス＆ゴー

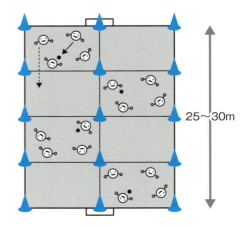

・コートを8分割
・4人組ボール1個。それぞれのエリアに入る。
・4人組でパス。
・パスを回しながら、空いているスペースへ移動する。

● 展開

やさしい ↕ 難しい

・隣のエリアに移動。
・自由に空いているところに移動。
・チーム内で順番を決める。
・チーム内で自由にパスを3本回して。

 活動の意図

グループで協力して解決。
パスしたら動いて次のプレーに移る。周りを見る。

✓ 評　価

声をかけ合ってグループで協力している。
パスしたら動いている。
周りをよく見て動いている。

4ゴールには、以下の利点があります。①縦だけではなく、反対サイドなど相手がいないところを意識しやすい。②周りがパスをもらう動きを意識しやすい。③ボールを持っている選手の判断を促すことができる。また、「三角ゴール」も、同じような意図で使うことができます（P137参照）。

活動2 様々なゴール

● 4ゴールゲーム

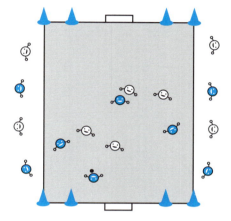

・相手の2つのゴールのどちらにシュートしてもよい。互いが2つずつのゴールを攻め、守る。
・片方のゴールに相手の守備が集中して攻めにくかったら、反対のゴールを目指すことができることに特徴のあるゲーム。

● オプション：様々なゲーム
・背面ゴールゲーム。
・三角ゴールゲーム。

活動の意図　P21 参照
ゴールを目指す。
つまったら反対のゴールをねらう。
空いた方からの攻撃を意識させる。

評価
相手を見ながら、攻めやすい方のゴールを見つけようとしている。
2つのゴールがあることを意識して攻め、守っている。
友達に考えを伝えている。
ドリブルがよいかパスがよいか判断しようとしている。

ゲーム 4対4＋GK

● 4対4＋GKゲーム

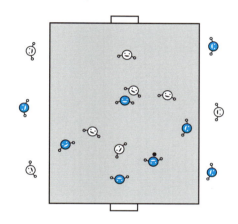

・途切れない。
・全員参加。
・攻防。
・ゴールキーパーは、ゴール前で手を使って守備をする。
・タイムキーパー。
・セルフジャッジ。

活動の意図
練習したことを、ゲームでたくさん発揮してみよう！
・ゴールを目指すために、空いているスペースを意識してプレーしようとしている。

評価
状況を見ながらねらいをもってゴールをねらっている。
突破されないように守備をしている。
友達の良い動きを見つけている。考えを認めている。

高学年　サッカー　129

高学年 02

第1時 サッカー
空いているところから攻撃しよう

ウォーミングアップ
動きづくり

●ボール出し

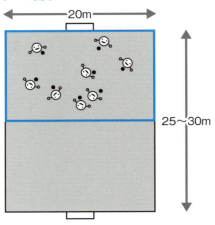

- 1人につき1個のボール。ドリブルでコート内を動く。
- 右足だけ、左足だけ、両足を使ってというように行う。

●展開

《ドリブルつっつき》
- 自分のボールを保持しつつ、相手のボールをけり出す。

POINT
- ボールが出されたら、簡単な課題（P26：活動1参照）をして再チャレンジ。
- 端で動かずにいるような子どもがいたら、積極的に奪いに行くことを促す（例：先生もおにになって追う）。

教師の声かけ
- ナイスチャレンジ。
- どんどん相手のボールをねらおう。

活動1
ボールフィーリング

●パスを回せ！パス＆ゴー

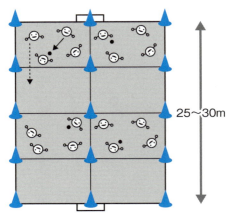

- コートを8分割。
- 4人組ボール1個。それぞれのエリアに入る。
- 4人組でハンドパス。
- チーム内で3本パスしたら隣のエリアへ動く（パスした人から移動）。

●展開
- チーム内で順番を決めるとわかりやすい。

POINT
- 大きな声をかけ合って、協力して行う。

教師の声かけ
- 大きな声でみんなで数えよう。

ADVICE
- 難しい場合には…
- ➡みんなで回り、方向を一定にさせる。
- ➡1本ずつ合図を出し、各組の移動のタイミングを合わせる。

活動2 様々なゴール

● 4ゴールゲーム

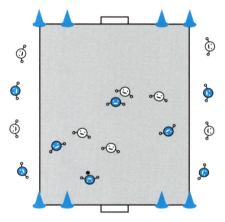

・相手の2つのゴールのどちらにシュートしてもよい。互いが2つずつのゴールを攻め、守る。
・片方のゴールに相手の守備が集中して攻めにくかったら、反対のゴールを目指すことができることに特徴のあるゲーム。

POINT
・ゴール幅は、得点しやすいように調整し、積極的にゴールを目指すようにさせる。
・コーンを使う場合、バーを渡すとよりゴールがイメージしやすくなり、シュートが正確になりやすい。

ADVICE
・なかなかシュートチャンスにつながらない場合は…
→コート縦の幅を狭め、ゴール間を近くする。

🔊 教師の声かけ

・どんどんシュートにいこう。

ゲーム 4対4＋GK

● 4対4＋GKゲーム

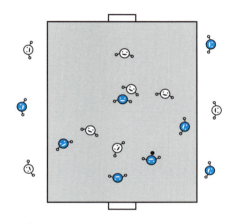

・途切れない。
・全員参加。
・攻防。
・ゴールキーパーは、ゴール前で手を使って守備をする。
・タイムキーパー。
・セルフジャッジ。

POINT
・積極的にゴールをねらわせる。
・壁役の役割についてしっかりと押さえる。

高学年　サッカー

45分の展開例

第2時 サッカー

空いているところから攻撃しよう

ウォーミングアップ
動きづくり

●ボール出し

・1人につき1個のボール。ドリブルでコート内を動く。

●展開
《ドリブルつっつき》
・自分のボールを保持しつつ、相手のボールをけり出す。

POINT
・発展として、出されたらアウトというルールでチャンピオンを決める（最後まで残った子がチャンピオン）。ただし、人数が少なくなるとチャレンジしなくなるので、そのときはエリアを狭める等の工夫が必要となる。

🔊 **教師の声かけ**
・たくさんけり出してるのは誰かな。
・出されずによく守っているね。

活動1
ボールフィーリング

●パスを回せ！パス＆ゴー

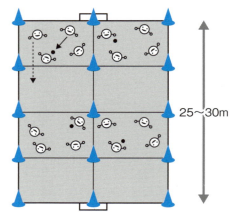

25〜30m

・コートを8分割。
・4人組ボール1個。それぞれのエリアに入る。
・4人組でキックでパス。
・チーム内で3本パスしたら隣のエリアへ動く（パスした人から移動）。

●展開
・チーム内で順番を決めるとわかりやすい。

POINT
・パスしたら動く。

🔊 **教師の声かけ**
・パスしたらすぐに移動しよう。

132

活動 2 様々なゴール

● 4ゴールゲーム

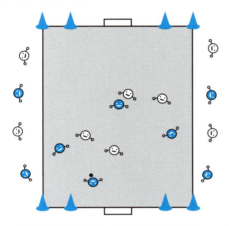

・相手の 2 つのゴールのどちらにシュートしてもよい。互いが 2 つずつのゴールを攻め、守る。
・片方のゴールに相手の守備が集中して攻めにくかったら、反対のゴールを目指すことができることに特徴のあるゲーム。

POINT
・相手がいても突破していくような子どもの挑戦も認めるが、相手のいないところを選択して方向転換やパスをしていることを認め、広めたい（モデルとして見せる）。

📢 教師の声かけ
・よく逆側を見ていたね。

● オプション：様々なゲーム
　・背面ゴールゲーム。　📖 P139 参照
　・三角ゴールゲーム。　📖 P137 参照

ゲーム 4対4＋GK

● 4対4＋GK ゲーム

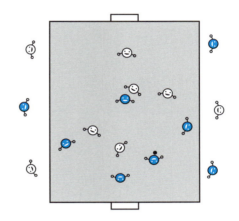

・途切れない。
・全員参加。
・攻防。
・ゴールキーパーは、ゴール前で手を使って守備をする。
・タイムキーパー。
・セルフジャッジ。

📢 教師の声かけ
・どんどんシュートが出てきたね。
・味方同士でよい声が出ているね。

人数の少ないゲームなので、全員が攻撃、守備に常に関わるようにする。

高学年　サッカー　133

45分の展開例

 第3時 サッカー
空いているところから攻撃しよう

ウォーミングアップ
動きづくり

●ボール出し

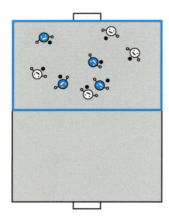

・1人につき1個のボール。ドリブルでコート内を動く。

●展開
《手で当てて出す》
・チーム戦とし、攻撃チームはボールを手に持ち、守備チームのボールを手で投げ当てて出す。
※当たらないときはボールを拾って何度もチャレンジ。出された人はアウト（待っているとき、または復活させる際の課題を工夫する）。

POINT
・動くものに当てるときの予測。
・相手とボールの間に体を入れて防御する（相手をよく見る）。
・投げ方は様々だが、どれもできることが望ましい。
　➡片手で投げる。
　➡両手で投げる。
　➡チェストパス。

活動1
ボールフィーリング

●パスを回せ！パス＆ゴー

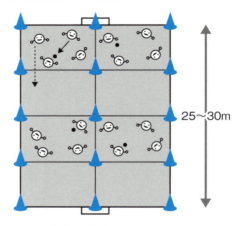

25〜30m

・コートを8分割。
・4人組ボール1個。それぞれのエリアに入る。
・4人組でキックでパス。
・チーム内で3本パスしたら隣のエリアへ動く（パスした人から移動）。

●展開
・チーム内で順番を決めずにフリーでパスを回す。

POINT
・パスの正確性が大切だと気づかせる。
・自然に声をかけ合うようにさせる。

🔊 教師の声かけ
・誰に出すか決めて、丁寧に出そう。
・受ける人は声を出して呼ぼう。

活動2 様々なゴール

● 4ゴールゲーム

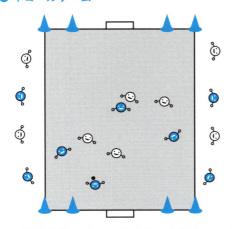

・相手の2つのゴールのどちらにシュートしてもよい。互いが2つずつのゴールを攻め、守る。
・片方のゴールに相手の守備が集中して攻めにくかったら、反対のゴールを目指すことができることに特徴のあるゲーム。

📢 教師の声かけ

・よく逆側を見ていたね。
・逆側のゴールも素早く守れたね。

2つのゴールがあることを意識して、攻めたり守ったりする。

ゲーム 4対4＋GK

● 4対4＋GKゲーム

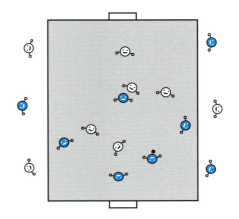

・途切れない。
・全員参加。
・攻防。
・ゴールキーパーは、ゴール前で手を使って守備をする。
・タイムキーパー。セルフジャッジ。

POINT
・空いているところから攻撃することの重要性に気づかせる。

📢 教師の声かけ

・よいところから攻めたね。

補足 《指導の視点》
　活動2で4ゴールゲームを行っているので、「守備が集中していたら、空いているところから攻めればよい」というイメージがここでも出てくる。そのような攻撃が出たら、認め、ほめて全体に広める。

高学年　サッカー　135

45分の展開例

 第4時 サッカー
空いているところから攻撃しよう

ウォーミングアップ 動きづくり

●ボール出し

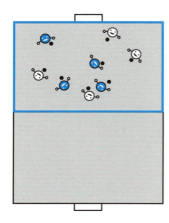

・1人につき1個のボール。ドリブルでコート内を動く。

●展開
《手で当てて出す》
・チーム戦とし、攻撃チームはボールを手に持ち、守備チームのボールを手で投げ当てて出す。

🔈 **教師の声かけ**

・相手をよく見ているね。
・仲間と協力してできていてよいね。

補足 《ルールの条件》
　はじめからあまりルールの条件を付けずに自由にやらせることで、子ども達の中で様々な知恵が出てくる。その知恵は認め、ほめていくが、ねらいからずれているときには、本来の目標に戻すような働きかけが必要となる。目標が達成できた状態から条件を加え、再度チャレンジさせる等の方法をとっていく。

活動1 ボールフィーリング

●パスを回せ！パス＆ゴー

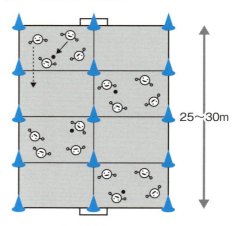

25～30m

・コートを8分割。
・4人組ボール1個。それぞれのエリアに入る。
・4人組でハンドパス。
・チーム内で3本パスしたら空いているエリアを見つけて動く（パスした人から移動）。

●展開
・チーム内で順番を決めて。
・チーム内で自由にパスを3本回して。

POINT
・周りをよく見ながら、他のグループと交錯しないように行う。

🔈 **教師の声かけ**

・ぶつからないようによく周りを見てね。

活動 2 様々なゴール

● 4 ゴールゲーム

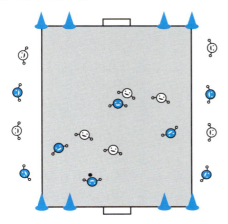

・相手の 2 つのゴールのどちらにシュートしてもよい。互いが 2 つずつのゴールを攻め、守る。
・片方のゴールに相手の守備が集中して攻めにくかったら、反対のゴールを目指すことができることに特徴のあるゲーム。

ゲーム 4 対 4 ＋ GK

● 4 対 4 ＋ GK ゲーム

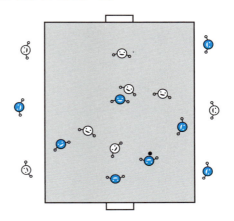

・途切れない。
・全員参加。
・攻防。
・ゴールキーパーは、ゴール前で手を使って守備をする。
・タイムキーパー。
・セルフジャッジ。

● オプション：三角ゴールゲーム

・つまったら反対のサイドを使うことでチャンスができるようになるのが特徴。

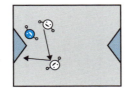

《三角ゴール》
　三角ゴールは、左右両方の面からゴールをねらえる。4 ゴールのねらいと同様、片方のサイドに守備が集中していたら、ボールを動かして、反対のサイドからねらうことに気づかせることができる。
　できればネットがあると、ネットを揺らすゴールの快感を味わうことができるとともに、ボールが通り抜けない。ちなみに、裏面も使用することが可能。

POINT

・ゴールが 2 方向あることで、自然にパスが生まれる（幅を使う）。
・子ども達なりの簡単な作戦を、短い時間の作戦タイムで考えさせる。
・横パスに気づかせるために手で投げて行う方法もある。

高学年　サッカー

45分の展開例

第5時 サッカー

空いているところから攻撃しよう

ウォーミングアップ
動きづくり

●ボール出し

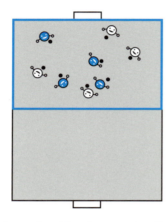

・1人につき1個のボール。ドリブルでコート内を動く。

●展開

《キックで当てて出す》
・チーム戦で、攻撃チームは、自分が持っているボールをキックして当てて守備チームのボールを出す。

POINT
・攻撃は相手をよく見てねらう。守備は相手を見て逃げる。体を使ってボールを守る。
・当たらないときはボールを拾って何度もチャレンジする。

守備側は、向かってくる相手のボールをけるのではなく、自分のボールを動かして逃げる。

活動1
ボールフィーリング

●パスを回せ！ パス＆ゴー

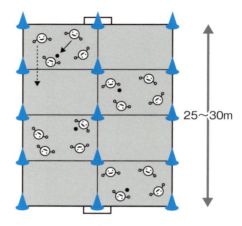

25〜30m

・コートを8分割。
・4人組ボール1個。それぞれのエリアに入る。
・4人組でキックでパス。
・チーム内で3本パスしたら空いているエリアを見つけて動く（パスした人から移動）。

●展開
・チーム内で自由にパスを3本回して。

POINT
・次へ移動しやすい方法を考えながら行う（移動する先が見やすい体の向き）。

🔊 **教師の声かけ**

・空いているところを見つけてね。
・どうしたら移動しやすいかな。

活動2 様々なゴール

● 4ゴールゲーム

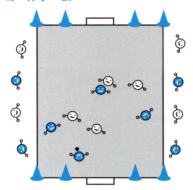

・相手の2つのゴールのどちらにシュートしてもよい。互いが2つずつのゴールを攻め、守る。
・片方のゴールに相手の守備が集中して攻めにくかったら、反対のゴールを目指すことができることに特徴のあるゲーム。

POINT
・両方のゴールを守ることを考えさせる。

🔊 教師の声かけ
・○○チームの守備がよいね。

● オプション：背面ゴールゲーム

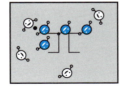

背中合わせに置いた2つのゴールをめぐって攻防。様々な変化・工夫や広がりが表れるゲーム。

ゲーム 4対4+GK

● 4対4+GKゲーム

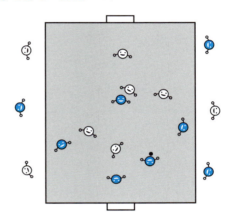

・途切れない。
・全員参加。
・攻防。
・ゴールキーパーは、ゴール前で手を使って守備をする。
・タイムキーパー。
・セルフジャッジ。

POINT
・立つ位置やパスの仕方など、子ども達なりの作戦やアイデアを認める。
・アイデアを引き出すために、手で投げて行う方法もある。

🔊 教師の声かけ
・空いているところをよく見つけたね。
・よいところで守っているね。

高学年 サッカー 139

45分の展開例

第6時 サッカー

空いているところから攻撃しよう

ウォーミングアップ
動きづくり

●ボール出し

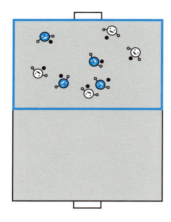

・1人につき1個のボール。ドリブルでコート内を動く。

●展開

《キックで当てて出す》
・攻撃チームと守備チームに分かれ、攻撃側は守備側が足で保持しているボールに自分のボールをけり当てて外に出す。
・チーム関係なく自分のボールを守りながら、他の人のボールに当てて出す。

POINT
・ボール扱いがうまくできなくても、体を使ってボールを守ることができる。

活動1
ボールフィーリング

●パスを回せ！パス＆ゴー

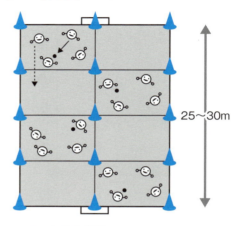

25〜30m

・コートを8分割。
・4人組ボール1個。それぞれのエリアに入る。
・4人組でキックでパス。
・チーム内で3本パスしたら空いているエリアを見つけて動く（パスした人から移動）。

●展開
・チーム内で自由にパスを3本回して。

POINT
・遠くへの移動をトライさせたい。

🔊 **教師の声かけ**
・遠くまで動いたね。

140

※6時以降も時数が確保できる場合は、ウォーミングアップ後、ゲーム大会をする。

活動2 様々なゴール

● 4ゴールゲーム

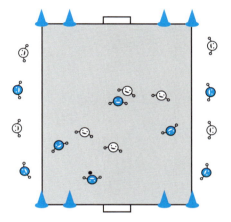

・相手の2つのゴールのどちらにシュートしてもよい。互いが2つずつのゴールを攻め、守る。
・片方のゴールに相手の守備が集中して攻めにくかったら、反対のゴールを目指すことができることに特徴のあるゲーム。

● オプション：背面ゴールゲーム

背中合わせに置いた2つのゴールをめぐって攻防。様々な変化・工夫や広がりが表れるゲーム。

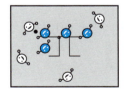

📢 教師の声かけ

・ナイスアイデア！おもしろい作戦だね。
・うまく相手を動かしたね。

ゲーム 4対4+GK

● 4対4+GKゲーム

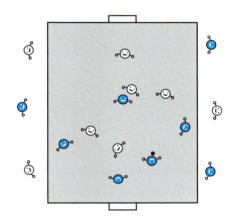

・途切れない。
・全員参加。
・攻防。
・ゴールキーパーは、ゴール前で手を使って守備をする。
・タイムキーパー。
・セルフジャッジ。

📢 教師の声かけ

・うまく広がっているね。
・チームでよい守備をしているね。

高学年 サッカー 141

[単元における活動の全体構成] サッカー
みんなで工夫してゴールをねらおう

ウォーミングアップ
協力おにごっこ

●セーフティペア

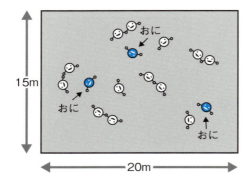

- 2人1組で手をつないでいたらつかまらない。➡1人になったら逃げる。
- 逃げている人が2人組の1人と手をつないだら、もう一方（逆側）の1人が手をはなして逃げる。
- おには2～3人。
- つかまったらおには交代。

●展開

- ペアが立って止まった状態で。
- ペアが寝た状態で。
- ペアも手をつないだまま動くことができる。

🔵 活動の意図
仲間との助け合いや知恵に働きかける。
状況を見ながら予測して、様々なステップを使って動く。

✅ 評価
仲間と協力して逃げている、追いかけている、助けている。
状況を見て予測して意図的にプレーしている。

活動1
シュート

●2ゴールシュート

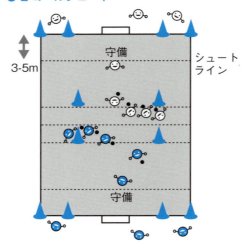

- 8人ずつ2か所。
- シュートラインの手前からシュート。
- 中央のコーン幅の中からスタートする。

●展開

① 1対0（守備なし）
- どちらかのゴールにシュートする。

② 1対1（守備が入る）
- 攻撃側がシュートをうつ、もしくは守備に取られたら守備になる。
- 守備がボールを取りにいく。
- 守備されづらいところをねらってける。

🔵 活動の意図
有利な状況になるように工夫する。
状況の変化を見て、相手を突破してシュートする。
キックの正確性。

✅ 評価
テンポよく何度も繰り返しシュートしている。
ねらってけっている。
相手とスペースを見て空いているところをねらっている。
素早く守りにいこうとしている。

142

ゴール型のゲームでは、「見る→把握→判断→決断→実行」というサイクルに、一人ひとりがチャレンジすることができます。見ることで、自然と自分にとって有利な判断がしやすい状況を多く設定しています。何をしようとしたかに目を向けることは、苦手な子どもにとって励みになります。

活動2　ボール回し

● 3対1→2対1 ゾーンゴール

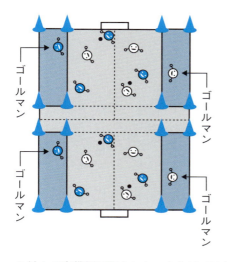

・3対1で守備側に取られないようにパスを回す。
・守備側はボールを奪う。
・ゴールマン（味方）へパスしたら1点。

● 展開

やさしい ↕ 難しい

① 3対1
　・3対1で守備側に取られないようにパスを回す。
② 2対1 ゾーンゴール（上図）
　・1人がゴールマンとなりゾーンに入る。
　・2対1からゴールマンにパスを通したら1点。

活動の意図
味方や相手を見ながらパスをつないでいる。
ゴール方向を意識して守る。

評価
味方、相手を意識しながらプレーしようとしている。
パスを受けやすい位置へ動いている。
ゴールの方向を意識して守ろうとしている。
簡単な作戦を考えている。

ゲーム　4対4+GK

● 4対4+GK ゲーム

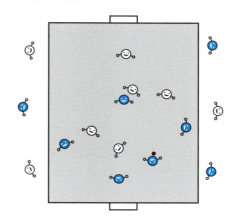

・途切れない。
・全員参加。
・攻防。
・ゴールキーパーは、ゴール前で手を使って守備をする。
・タイムキーパー。
・セルフジャッジ。

活動の意図
練習したことを、ゲームでたくさん発揮してみよう！
・相手を見てパスコースを意識しながらボールを運び、ゴールを目指す。
・仲間と協力して守備をする。

評価
味方、相手、スペースを意識しながらプレーしようとしている。
突破されないように守備をしようとしている。
友達の考えを認めている。友達のよい動きを見つけている。
考えを言葉、図などを使って説明している。
状況を見てパスやドリブルをしたり、シュートをねらったりしている。

高学年　サッカー

45分の展開例

 第1時　サッカー
みんなで工夫してゴールをねらおう

ウォーミングアップ
協力おにごっこ

● セーフティペア

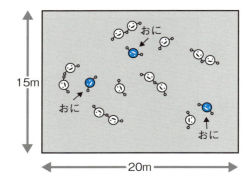

- 2人1組で手をつないでいたらつかまらない。→1人になったら逃げる。
- 逃げている人が2人組の1人と手をつないだら、もう一方（逆側）の1人が手をはなして逃げる。
- おには2～3人。
- つかまったらおには交代。
- ペアが立って止まった状態で。

POINT
- 予測の大切さ。
  →早目に動く。
  →おにも動きを予測して動く。
- 見ること。
  →おにが2人、3人になると一方向だけ見ていてもつかまってしまう。

活動1
シュート

● 2ゴールシュート

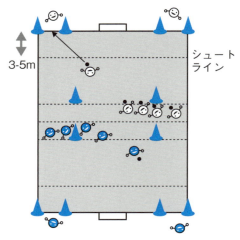

シュートライン

- 8人ずつ2か所。
- シュートラインの手前からシュート。
- 中央のコーン幅のどこからスタートしてもよい。
- 「シュート→ボール拾い→列につく」の順で動く。

● 展開
《1対0（守備なし）》
- どちらかのゴールにシュートする。

POINT
- 並んで待つ時間を短くする。
- 基本的なルールをしっかりと押さえる。
- 積極的にシュートをねらわせる。

🔊 教師の声かけ
- 前の人がシュートしたら、次の人はすぐにスタートしよう。

活動2 ボール回し

● 3対1

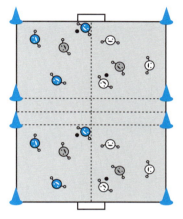

- 3対1で守備側にボールを取られないようにパスを回す。
- 時間で交代（1分程度）。

POINT
- どこに動いたらパスをもらえるかに気づかせる。

ADVICE
- ルール理解やキックでのパスが難しいときには…
→ 手で投げて理解させてから行う方法もある。

3対1なのでパスは回りやすい。エリアの中で移動することをまめに行うよう、指導する。

ゲーム 4対4＋GK

● 4対4＋GKゲーム

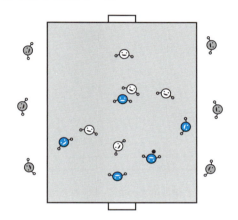

- 途切れない。
- 全員参加。
- 攻防。
- ゴールキーパーは、ゴール前で手を使って守備をする。
- タイムキーパー。
- セルフジャッジ。

POINT
- 壁役の役割をしっかりと押さえる。

補足 《ゲームの際の留意事項》

ゲームの際には、活動の積み重ねが生きるようにしていく必要がある。ゴール前に守備として、1人を固定的に配置するような作戦が出てくるが、子どもの活動量、ゲームの関わりが下がるので避けるようにする。人数の少ないゲームであるので、全員が攻撃、守備に常に関わるように声かけを行う。

高学年 サッカー 145

45分の展開例

 第2時 サッカー
みんなで工夫してゴールをねらおう

ウォーミングアップ
協力おにごっこ

● セーフティペア

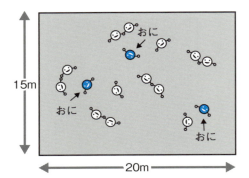

- 2人1組で手をつないでいたらつかまらない。➡1人になったら逃げる。
- 逃げている人が2人組の1人と手をつないだら、もう一方（逆側）の1人が手をはなして逃げる。
- おには2～3人。
- つかまったらおには交代。
- ペアが立って止まった状態で。

POINT
- 助け合うことに気づかせる（ペアとの手を離して助けにいく）。

🔊 **教師の声かけ**
- よく動いているね。
- よく助け合っているね。

活動1
シュート

● 2ゴールシュート

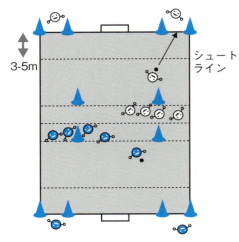

- シュートラインの手前からシュート。
- 中央のコーン幅のどこからスタートしてもよい。
- 「シュート→ボール拾い→列につく」の順で動く。

● 展開

《1対0（守備なし）》
- どちらかのゴールにシュートする。

POINT
- ドリブルからシュートまでをスムーズにさせたいが、スピードより正確にキックすることを大切にする。

ADVICE
- キックが苦手な子には…
  ➡近づいて確実にゴールをねらわせる。
- 簡単すぎる子には…
  ➡距離を遠くしてチャレンジさせる。

146

活動2 ボール回し

● 3対1

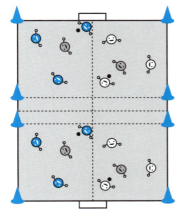

- 3対1で守備側にボールを取られないようにパスを回す。
- 時間で交代（1分程度）。

POINT
- パスの受け手の2人は、ボールを受けられる位置に動く。

🔊 **教師の声かけ**
- どこならパスがもらえるかな？
- 3人いるから必ずもらえるはずだよね。

味方、相手を意識してパスを出していく。

ゲーム 4対4＋GK

● 4対4＋GKゲーム

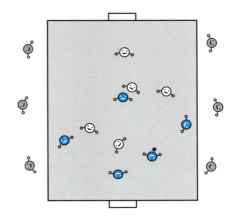

- 途切れない。
- 全員参加。
- 攻防。
- ゴールキーパーは、ゴール前で手を使って守備をする。
- タイムキーパー。
- セルフジャッジ。

POINT
- 積極的にゴールをねらわせる。

🔊 **教師の声かけ**
- どんどんシュートが出てきたよ。

高学年 サッカー 147

45分の展開例

 第3時 サッカー
みんなで工夫してゴールをねらおう

ウォーミングアップ
協力おにごっこ

●セーフティペア

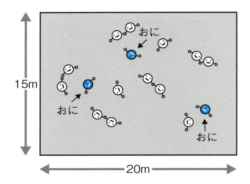

- 2人1組で手をつないでいたらつかまらない。➡1人になったら逃げる。
- 逃げている人が2人組の1人と手をつないだら、もう一方（逆側）の1人が手をはなして逃げる。
- おには2〜3人。
- つかまったらおには交代。

●展開
- ペアが寝た状態で。

📢 教師の声かけ
- 仲間を助けるぞ！
- おには○人いるよ。よく見て逃げよう
- 予測して動こう。

活動1
シュート

●2ゴールシュート

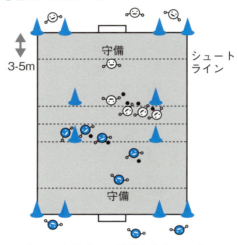

- シュートラインの手前からシュート。
- 中央のコーン幅のどこからスタートしてもよい。
- 「シュート→守備→ボール拾い→列につく」の順で動く。

●展開
《1対1（守備が入る）》
- 攻撃側がシュートをうつ、もしくは守備側に取られたらすぐ次の守備になる。
- 攻撃側は守備側を見て有利なところからスタートする。
- 守備されにくいところをねらってける。

POINT
- 守備側になる子をよく見て方向を決める。

ADVICE
- 苦手な子には…
➡近づけてスタートする場を作ってもよい。

活動2 ボール回し

● 3対1

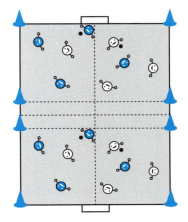

- 3対1で守備側にボールを取られないようにパスを回す。
- 時間で交代（1分程度）。
- 展開
  - 対抗戦。
  - 守備は相手チームが行う

POINT
- 守備は積極的にボールを奪いにいく（けり出してもよい）。

教師の声かけ
- 守備はどんどん奪いにいこう。

補足 《対抗戦》
　4人組の1人が相手コートに入り守備になることで、対抗戦となる。守備に積極的に奪いにいくように働きかける。

ゲーム 4対4+GK

● 4対4+GKゲーム

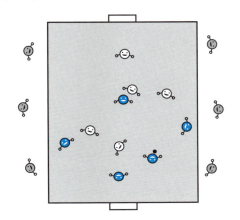

- 途切れない。
- 全員参加。
- 攻防。
- ゴールキーパーは、ゴール前で手を使って守備をする。
- タイムキーパー。
- セルフジャッジ。

POINT
- 空いているところから攻撃することの重要性に気づかせる。

基本は得点されたチームのゴール前からすぐにスタート。対戦チームの力の差が大きい場合は、センターサークルから再開する。

高学年　サッカー　149

45分の展開例

  第4時 サッカー

みんなで工夫してゴールをねらおう

ウォーミングアップ
協力おにごっこ

●セーフティペア

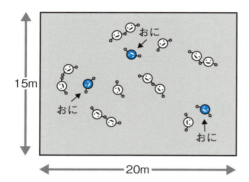

- 2人1組で手をつないでいたらつかまらない。➡1人になったら逃げる。
- 逃げている人が2人組の1人と手をつないだら、もう一方（逆側）の1人が手をはなして逃げる。
- おには2〜3人。
- つかまったらおにば交代。

●展開
- ペアも手をつないだまま動くことができる。

POINT
- おにも協力して追うことが有効であることに気づかせる。
- 動きを入れることで、より積極性を引き出す。

ADVICE
- 動きを入れたことで、動きすぎることによる混乱があったり予測や助け合いが生まれにくいときには…
➡動かないやり方に戻す。

活動1
シュート

●2ゴールシュート

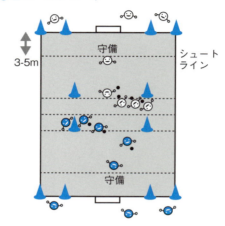

- シュートラインの手前からシュート。
- コーン幅のどこからスタートしてもよい。
- 「シュート→守備→ボール拾い→列につく」の順で動く。

●展開
《1対1（守備が入る）》
- 攻撃側がシュートをうつ、もしくは守備側に取られたらすぐ次の守備になる。
- 攻撃側は守備側を見て有利な所からスタートする。守備されにくい所をねらってける。

ADVICE
- スムーズにできている得意な子には…
➡遠くからねらうことや苦手な足でのシュートにチャレンジさせる。

🔊 **教師の声かけ**
- よくねらったよいシュートだね。
- 相手をよく見ていたね。

活動2 ボール回し

● 2対1 ゾーンゴール

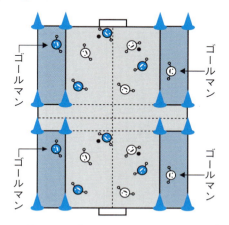

ゴールマン / ゴールマン / ゴールマン / ゴールマン

- 2対1からゾーンゴールのゴールマン（味方）へパスしたら1点。
- 再開は守備側から攻撃側にパスをしてスタートする。

● 展開
- 対抗戦。
- 守備は相手チームが行う。

POINT
- 守備側は、ボールとゴールマンを結んだライン上で直接のゴールを防ぐ。
  ➡ もう1人の味方がよい場所に動いてゴールマンへパスする。

📣 **教師の声かけ**
- よい場所に動いてパスをもらえたね。

ゲーム 4対4+GK

● 4対4+GK ゲーム

- 途切れない。
- 全員参加。
- 攻防。
- ゴールキーパーは、ゴール前で手を使って守備をする。
- タイムキーパー。
- セルフジャッジ。

POINT
- ボールとゴールの間に入って、まずゴールを守ることに気づかせる。

補足 《場の設定》
　本書では、逆算によってゲームからウォーミングアップまで活動を構成しており、できるだけ場の設定も「ゲーム」から逆算して考え、授業開始時から場や用具などが大きく変わらないようにしている。本単元も、「ゲーム」のコートは「活動2」と同じ設定にしている。また、「活動1」のセンターライン寄りのコーンをあらかじめ2本重ねておくことで、次のゾーンゴールに簡単に移行できる。

高学年　サッカー　151

高学年 03

 第5時 サッカー

みんなで工夫してゴールをねらおう

ウォーミングアップ
協力おにごっこ

● セーフティペア

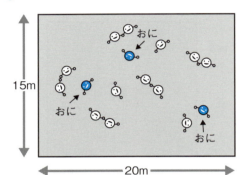

- 2人1組で手をつないでいたらつかまらない。➡ 1人になったら逃げる。
- 逃げている人が2人組の1人と手をつないだら、もう一方（逆側）の1人が手をはなして逃げる。
- おには2～3人。
- つかまったらおには交代。

POINT
- ペアをくずしながら、能動的に助けることに気づかせる。

🔊 教師の声かけ
- 予測してよい動きをしているね。

補足 前の時間に引き続き、逃げている側も動いてよいので、より積極的に能動的に助けることができるようになる。ペアをくずし、予測して動きながら、みんなで協力して積極的に助けるようにする。

活動1
シュート

● 2ゴールシュート

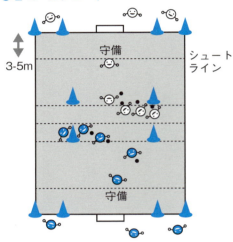

- シュートラインの手前からシュート。
- 中央のコーン幅のどこからスタートしてもよい。
- 「シュート→守備→ボール拾い→列につく」の順で動く。

● 展開

《1対1（守備が入る）》
- 攻撃側がシュートをうつ、もしくは守備側に取られたら守備になる。
- 守備側がボールを奪いにいく。
- 守備されにくいところをねらってける。

POINT
- スタートで有利な状況を作ることに気づかせる。

🔊 教師の声かけ
- 相手をよく見ていたね。

152

活動2 ボール回し

● 2対1ゾーンゴール

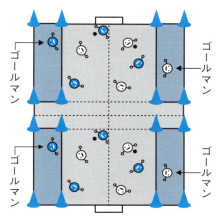

- 2対1からゾーンゴールのゴールマン（味方）へパスしたら1点。
- 再開は守備側から攻撃側にパスをしてスタートする。

● 展開
- 対抗戦。
- 守備は相手チームが行う。

POINT
- 積極的にゴールマンをねらわせる。
- ゴールマンも動いてボールを受けやすいようにする。

🔊 教師の声かけ
- ゴールマンはどんどんボールを受けよう。

ゲーム 4対4+GK

● 4対4+GKゲーム

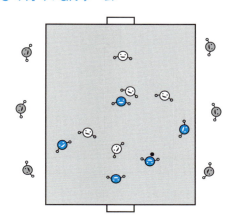

- 途切れない。
- 全員参加。
- 攻防。
- ゴールキーパーは、ゴール前で手を使って守備をする。
- タイムキーパー。
- セルフジャッジ。

🔊 教師の声かけ
- 空いているところをよく見つけたね。
- よいところで守っているね。
- よいところに動いたね。
- ゴールを意識して！

> 補足　ゲームでは、パスを受けられるところに動いた味方にうまくパスをつなぎながら、ゴールに迫るようにしていく。もちろんドリブルでゴールに迫ってもよい。守備側も、「活動2」を生かし、直接ゴールをされない位置に入って守るようにする。

高学年　サッカー　153

45分の展開例

 第6時 サッカー
みんなで工夫してゴールをねらおう

ウォーミングアップ
協力おにごっこ

● セーフティペア

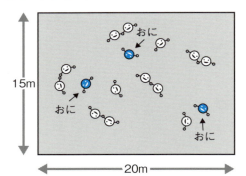

- 2人1組で手をつないでいたらつかまらない。➡ 1人になったら逃げる。
- 逃げている人が2人組の1人と手をつないだら、もう一方（逆側）の1人が手をはなして逃げる。
- おにには2〜3人。
- つかまったらおには交代。

🔊 **教師の声かけ**
- おには協力して追いかけているね。
- おにも予測して追いかけよう。

逃げる側が協力していくことに慣れてくると、おにがつかまえることが難しくなってくる。そのため、おにも協力することが大切になる。

活動1
シュート

● 2ゴールシュート

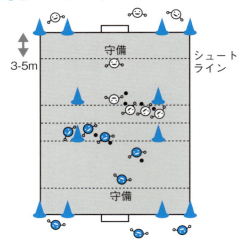

- シュートラインの手前からシュート。
- 中央のコーン幅のどこからスタートしてもよい。
- 「シュート→守備→ボール拾い→列」の順で動く。

● 展開
《1対1（守備が入る）》
- 攻撃側がシュートをうつ、もしくは守備側に取られたら守備になる。
- 守備側がボールを奪いにいく。
- 守備されにくいところをねらってける。

🔊 **教師の声かけ**
- 有利なうちにシュートしよう。

※6時以降も時数が確保できる場合は、ウォーミングアップ後、ゲーム大会をする。

活動2 ボール回し

● 2対1ゾーンゴール

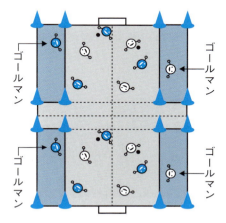

- 2対1からゾーンゴールのゴールマン（味方）へパスしたら1点。
- 再開は守備側から攻撃側にパスをしてスタートする。

●展開
- 対抗戦
- 守備は相手チームが行う。

🔊 教師の声かけ
- 相手を見ながらパスができたね。
- よいところで守っているね。

守備側にとっては、まずはゴールを守ることが優先。直接ゴールをされない位置に入って守ることが大切となる。

ゲーム 4対4+GK

● 4対4+GKゲーム

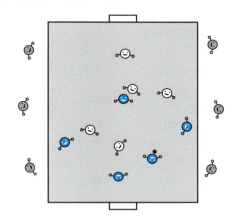

- 途切れない。
- 全員参加。
- 攻防。
- ゴールキーパーは、ゴール前で手を使って守備をする。
- タイムキーパー。
- セルフジャッジ。

🔊 教師の声かけ
- うまく広がっているね。
- チームでいい守備をしているね。

高学年 サッカー 155

Column フェアプレー・リスペクト

Players First!!

「Players First!!」は、日本サッカー協会の選手育成で長年大切にしてきている言葉です。子ども達のサッカー環境をよりよいものにしようと思うとき、様々な困難が生じることがあります。迷ったとき、難しい判断になったときも、大人の価値観ではなく、本質である、常に「プレーヤーにとって何が一番よいのか」を考えることを大切にしています。

子ども達の育成にはたくさんの大人が関わっていきます。その大人が様々な立場から、この「Players First!!」の合言葉をよりどころとして取り組んでいます。

リスペクト

世界のサッカー界、ひいてはスポーツ界全体に広がっている価値観です。日本サッカー界では、「大切に思うこと」という言葉に置き換えて広めています。味方、相手、審判、指導者、サポーター、役員、用具、施設、ルール等々、関わるすべての人、ものを互いに大切に思うこと。フェアプレーの原点であると考えています。

日本サッカー協会では、この価値観をサッカー界から広くスポーツ界へ、社会へ発信することを目指し、Jリーグと共同して2009年よりリスペクトプロジェクトを発足し、普及に努めてきています。2011年にはさらに、『リスペクトF.C. JAPAN』を設立しました。多くの人が賛同の意思表示をし、行動し、仲間を増やす輪を広げています。（http://respectfc.jp/）

めざせ！ベストサポーター

子ども達が行うサッカーには、たくさんの大人が関わります。子どもの年代では、大人の影響をポジティブにもネガティブにも非常に大きく受けます。子ども達には、指導者を通して働きかける。指導者には指導者養成の講習会を通して働きかけることができる。しかし、子ども達に最も大きく関わる保護者の方々には、働きかけるすべがありませんでした。

そこで、日本サッカー協会では、サッカーに夢中な子ども達の保護者の方々に向けたハンドブック『めざせ、ベストサポーター』を作成しました。日々大きな情熱をもって子ども達を見守る保護者の方々、子ども達と最も多くの時間を過ごす保護者の協力なしには、子ども達のサッカーは成り立ちません。子ども達にとって最高のサポーターは、保護者の皆さんです。その大きなエネルギーに満ちたサポートが最高のものとなるように、よい関わりを考えていただくためのハンドブックです。

※以下のURLより上記資料のダウンロードが可能です。
http://www.jfa.jp/football_family/respectfc_japan/
http://www.jfa.jp/youth_development/players_first/
http://www.jfa.jp/football_family/respectfc_japan/goods.html
https://www.jfa.jp/youth_development/players_first/pdf/best_supporter_book.pdf

著者紹介

[著者]
公益財団法人　日本サッカー協会

[制作協力者]

中山　雅雄　公益財団法人日本サッカー協会　技術委員会　指導者養成／筑波大学教授／キッズプロジェクトメンバー／小学校体育サポートプロジェクト

北野　孝一　公益財団法人日本サッカー協会　技術委員会　キッズプロジェクト／金沢市立浅野川小学校／小学校体育サポートプロジェクト

尾形　行亮　公益財団法人日本サッカー協会　技術委員会　ユース育成・地域ユースダイレクター兼指導者養成・インストラクター／北海道教育庁空知教育局社会教育主事（元栗山町立栗山元小学校教諭）／キッズプロジェクトメンバー／小学校体育サポートプロジェクト

眞藤　邦彦　広島文教女子大学教授

鎌田　安久　公益財団法人日本サッカー協会　技術委員会指導者養成・インストラクター／岩手大学教育学部教授・教育学部附属小学校元校長／小学校体育サポートプロジェクト

公益財団法人　日本サッカー協会　技術委員会　テクニカルハウス

[制作協力校]

石川県金沢市立大浦小学校、北海道栗山町立栗山小学校、岩手大学教育学部附属小学校

[表紙写真]：J.LEAGUE PHOTOS

補足一覧

P27	右上	ボールの選び方
P33	右下	スランティライン理論の考え方
P41	右上	ナンバーコールゲームの利点
P43	補足	ボールの扱い方
P47	左下	新聞ボールの作り方
P49	補足	ナンバーコールゲーム：できない子へのサポート
P55	右上	低学年における神経系への刺激
P57	補足	扱いやすいボールを
P61	補足	得点者から交代〈スランティライン理論の考え方の一つ〉
P67	補足	ボールに集まる子ども達
P70	右上	場の設定の工夫
P82	補足	活動1から2へのつながり
P84	右上	中学年　2人で解決
P88	補足	ボール集め
P92	補足	両足を使う
P98	右上	サッカーゴールの形
P100	補足	場の設定
P103	補足	ゴールについて
P104	補足	相手を変える
P108	補足	体のふれ合い、力を出す
P115	右上	〈川渡り〉の利点
P118	補足	しっぽを取られたときのルール
P118	補足	高学年での川渡りドリブル
P120	補足	2人組しっぽ取り
P121	補足	「手をつなぐ」ことの意味
P125	補足	ゲームの作戦
P126	補足	サッカー経験者がいる場合
P129	右上	4ゴールゲームの利点
P135	補足	指導の視点
P136	補足	ルールの条件
P137	下	三角ゴール
P143	右上	ゴール型のゲームの特徴
P145	補足	ゲームの際の留意事項
P149	補足	対抗戦
P151	補足	場の設定
P152	補足	協力おにごっこの発展
P153	補足	ゲームの際の留意点

小学校体育　全学年対応

新・サッカー指導の教科書

2019（令和元）年５月15日　初版第１刷発行
2025（令和７）年７月10日　初版第７刷発行

[著　者]　公益財団法人　日本サッカー協会
[発行者]　錦織 圭之介
[発行所]　株式会社　東洋館出版社
　　　　　〒101-0054
　　　　　東京都千代田区神田錦町2丁目9番1号
　　　　　　　　　コンフォール安田ビル2階
　　　　　（代　表）電話：03-6778-4343　FAX：03-5281-8091
　　　　　（営業部）電話：03-6778-7278　FAX：03-5281-8092
　　　　　振　替　00180-7-96823
　　　　　URL　https://www.toyokan.co.jp

[装　丁]　國枝 達也
[イラスト]　おおたきまりな
[印刷製本]　藤原印刷株式会社

ISBN978-4-491-03651-9　　　　　　　　　　Printed in Japan